거대 중국을
지탱하는 힘
★
가난한 백성들과
전통연예

거대 중국을
지탱하는 힘
★
가난한 백성들과
전통연예

김학주 지음

연암서가

김학주 金學主

충북 충주에서 태어나 서울대학교 문리과대학을 졸업하고, 국립 대만대학 중문연구소를 거쳐 서울대학교 대학원에서 문학박사 학위를 받았다. 그 뒤 근 40년 동안 서울대학교 교수로 재직하였고, 현재 서울대학교 명예교수와 대한민국 학술원 회원으로 일하고 있다.

저서로 『중국 문학의 이해』, 『중국 고대의 가무희』, 『중국 문학사』, 『한대의 문인과 시』, 『공자의 생애와 사상』, 『노자와 도가 사상』, 『경극이란 어떤 연극인가』, 『장안과 북경』, 『위대한 중국의 대중예술 경극』 등이 있으며, 역서로는 『논어』, 『맹자』, 『대학』, 『중용』, 『노자』, 『장자』, 『열자』, 『격몽요결』 등이 있다.

2014년 8월 15일 초판 1쇄 인쇄
2014년 8월 20일 초판 1쇄 발행

지은이 | 김학주
펴낸이 | 권오상
펴낸곳 | 연암서가

등　록 | 2007년 10월 8일(제396-2007-00107호)
주　소 | 경기도 고양시 일산서구 호수로 896번지 402-1101
전　화 | 031-907-3010
팩　스 | 031-912-3012
이메일 | yeonamseoga@naver.com
ISBN 978-89-94054-58-2　93910

값 13,000원

머리글

중국의 백성들은 무식하고 가난한 채로 죽지 못해 살아온 사람들이라고 필자는 이제껏 알아 왔다. 중국에는 거의 한 때도 전쟁이 끊일 날이 없어 수많은 사람들이 전쟁 속에 죽어 갔고, 임금들은 언제나 자기들이 즐길 궁전과 놀이터를 만드는 데에 멋대로 수십만의 사람들을 끌어다가 노예처럼 일을 시켰다. 겨우 틈을 내어 농사를 짓는다 해도 나라에서는 그들이 먹고 살 양식도 제대로 남기지 않고 모두 거두어 갔다. 이 세상에서 가장 불행하고 불쌍한 사람들이 중국의 가난한 백성들이라 생각해 왔다. 한자를 바탕으로 하는 중국의 전통문화는 문맹인 백성들과는 전혀 무관한 사대부(士大夫)들만의 것으로 여겨 왔다.

그러한 생각이 근래에 와서 완전히 바뀌어 버렸다. 그 가장 뚜렷한 계기는 이 책 본문 '둘째 절'에서 베이징(北京)의 빈민가인 '톈차오(天橋) 지구의 특징'을 쓰면서 첫머리에 인용한 중화민국 초기의 시인 이순딩(易順鼎)의 시 「톈차오의 노래(天橋曲)」를 접하면서다. 베이징의 톈차오 지구는 이 세계에서 달리 유례가 없을 정도로 지극히 가난하고 어렵게 살아가는 고장인데도, 그곳 사람들은 틈틈이 함께 모여 자기들의 여러 가지 연예(演藝)를 공연하고 발전시키면서 즐기고 있지 않은가? 여기에서 눈이 크게 번쩍 뜨였다. 그들은 먹고 살기가 어려울 정도로 가난하여 온갖 힘든 일을 하면서 살아가지만 언제나 춤과 노래로 연출되는 그들의 전통연극과 우리나라 판소리 같은 설창(說唱)을 중심으로 하여 여러 가지 연예를 함께 어울려 즐기며 살아가고 있다. 가난한 그들이지만 자기네 전통연예를 창조하고 계승·발전시키고 있다. 품을 팔거나 인력거 끄는 일 따위를 하며 근근이 입에 풀칠이나 하면서 살아가지만 그들은 그 고장 사람들이 늘 함께 즐기는 놀이가 있고 자기네 문화가 있어서 가난함을 이겨내며 잘 살고 있다. 그리하여 그들은 자기네 전통문화를 계승·발전시키면서 큰 나라의 힘의 원천이 되고 있다.

그러면 옛날부터 가난하기로 유명한 그들의 농촌은 어떠할까? 그들 농촌에 가보면 그곳 아이들과 거기서 기르고 있는 돼지나 닭이 잘 구별이 안 될 정도로 형편없다. 그처럼 농촌은 무척 가난하기는 하지만 거의 모든 마을마다 신(神)을 모시는 묘당(廟堂)이 있고, 명절이라든가 특별한 절기가 되면 그들은 모두가 모여 함께 묘당에 모신 신에게 제사를 드리는 묘회(廟會)를 열고 있다. 그 묘회는 곳에 따라 규모가 다르지만 주변 마을의 사람들까지도 모두 모여 함께 하는 행사인데, 신을 제사지내면서 신을 즐겁게 해주는 한편 자기들도 함께 즐기기 위하여 그 고장의 전통연극이나 탈놀이·인형극·사자놀이 같은 연예와 잡기(雜技)를 공연한다. 때문에 그들은 꾸준히 자기네 전통연극과 연예를 계승·발전시키면서 모두가 함께 어울리고 함께 즐긴다. 그러한 상황을 이 책의 '넷째 절'에서 자세히 다루고 있다. 필자는 직접 몇 차례 중국 희곡 전공자들과 함께 중국 여러 지역의 민간희곡을 탐사(探査)한 일이 있다. 극단의 공연이 아니라 민간에 자연스럽게 행해지고 있는 공연을 직접 보기 위하여 음력 설 때를 이용하여 1995년에는 쓰촨(四川)의 시골 마을, 1996년에는 산둥(山東)의 농촌 마을에 찾아가 그곳에서 행해지고 있는 그 지방의 연극과 연희를 구경한 일이 있다. 중국의 농촌은 무척 가난하기는 하지만 모두 자기 지방의 전통연극과 연예를 이어받아 발전시키면서 수많은 사람들이 함께 어울려 즐기고 있었다. 물질적으로는 가난하지만 명절 때에 이렇게 많은 사람들이 함께 모여 자기 지방의 연극과 연희를 공연하고 즐기는 중국의 농민들이 잘 산다는 우리나라 농민들보다 정신적으로는 훨씬 더 풍유하고 생활도 더 행복하다고 생각되었다. 자기네 예술이 있는 중국의 가난한 농민들이 부러웠다.

특히 청(淸)나라를 세운 여진족(女眞族)은 가무를 좋아하여 춤과 노래로 연출되는 중국의 전통희곡을 매우 좋아하였다. 청나라 후반기에 와서는 베이징에 안후이(安徽)의 지방희(地方戱) 등이 들어와 경극(京劇) 곧 서양 사람들이 'Peking Opera'라고 부르는 새로운 연극이 이루어졌다. 이 경극은 베이징을 중심으로 성행하고 발전하여 차차 전국에 공연되기 시작하여 결국은 중국의 위아래 사람과 소수민족(少數民族)까지도 모두가 좋아하는 굉장한 대중예술로 발전하였다. 이 경극은 가난하고 글도 모르는 백성들이 발전시킨 연극이다. 중국의 13억 민족은 소수민족까지도 모두가 함께 경극을 즐기며 같은 사람들임을 서로가 자인하고 있는 것이다.

청나라 함풍(咸豊) 2년(1852) '태평천국(太平天國)의 난(亂)'이 일어난 이래 청나라가 망할 때(1911)까지 나라는 거의 제국주의(帝國主義) 열강의 손에 맡겨지다시피 된 형편이었고, 중화민국 시대(1912-1949)에도 내전으로 정신 차릴 사이가 없었다. 그럼에도 역사적으로 한족(漢族)과 대립하여 온 신장(新疆)을 중심으로 하는 위구르(回紇)족이나 시장(西藏)의 티베트족 등도 중국으로부터 떨어져 나가지 않고 도리어 제국주의자들의 압력으로 말미암아 더 커진 중국 영토로 확장된 셈이다. 이 기간에도 황실(皇室)은 물론 모든 위아래 백성들이 스스로 "경극에 미쳐 있다."고 비판할 정도로 경극 공연에 빠져 있었다.

중국 땅 안의 민족들은 지역마다 말도 서로 다르고 생활습성도 서로 다르지만 절대다수의 가난하고 무식한 백성들이 같은 경극이라는 연극을 다 같이 보고 듣고 즐기며 한 나라 백성임을 확인하고 서로 손을 잡을 수가 있었다. 위의 지배계층은 나라를 다스리거나 지킬 능력도 없이 서로 싸움질만 하였으나 절대다수의 무식하고 가난한 백성들은 같은 연극 같은 연예를 함께 즐기며 한 나라 백성으로 끈끈히 뭉쳐져 있었던 것이다. 뒤의 마오쩌둥(毛澤東) 주석은 이런 사실을 인식하고 처음부터 자기네 붉은 군대를 싸움보다도 이러한 민간연예를 이용한 문예공작(文藝工作)에 주력하게 하여 가난한 백성들과 소수민족의 마음을 살 수 있었기에 국민당과의 싸움에서 이길 수가 있었다. 따라서 지금의 중국은 경극을 통하여 자기들의 정치 이념을 온 인민들에게 주지시키고 자기네가 지향하는 사회주의 방향으로 그들을 이끌어 가면서 온 인민이 함께 즐기도록 하고 있는 것이다.

이전까지는 중국의 전통문화 특히 필자의 전공인 중국의 고전문학은 한자를 바탕으로 하고 있기 때문에 글자도 모르는 일반 백성들과는 전혀 상관이 없는 지배계급인 사대부들만의 것이라 믿어 왔다. 그러나 그것은 큰 착오였다. 무식한 백성들은 한자라는 글자를 전혀 모르기 때문에 그들의 뜻이나 생활을 기록하여 문학작품은 창작할 수가 없었다. 그러나 중국의 역대 왕조를 세우고 무너뜨린 것도 모두가 무식한 백성들이었고, 모든 중국의 사상과 문화도 백성들을 바탕으로 하여 이루어지고 발전한 것이다. 보기로 중국의 고전문학을 든다.

기원전 수백 년 전에 이루어진 『시경(詩經)』은 민간가요인 국풍(國風)을 중심으로 하여 이루어진 것이고, 그 뒤에 나온 『초사(楚辭)』를 바탕으로 발전한 사부(辭賦)는 민간의 무당들의 노래에서 나온 것이며, 그 이후에 이루어진 악부(樂府)는 말할 것도 없고 오칠언(五七言)의 고체시(古體詩)와 근체시(近體詩)도 백성들의 민요로부터 발전한 것이다.

당(唐)대 말엽에 생겨나 송(宋)대에 성행한 사(詞)와 원(元)대 이후에 성행한 곡(曲)이라는 새로운 시는 그때 민간에 유행하던 민요의 형식을 본떠서 이루어진 것이다. 그리고 소설·희곡은 말할 것도 없이 민간에 유행하는 설창(說唱)과 연극으로부터 발전한 것이다. 글자도 모르는 백성들의 것을 사대부들이 한자로 옮겨놓았기 때문에 그 문학작품을 사대부들만의 것으로 알았던 것이다. 실상 창작자는 무식한 백성인데 글자를 아는 사대부들이 그것을 글로 옮겨 놓아 그 작품을 그들이 창작한 것으로 알고 있던 것이다. 현대문학도 한자를 가지고 어려운 문장을 쓰지 말고 백성들이 하는 말을 그 발음대로 기록하자는 백화(白話)문학의 주장으로부터 출발하고 있다.

그러니 중국을 올바로 알고 제대로 이해하기 위하여 우리는 무엇보다도 무식하고 가난한 인민들의 실상을 올바로 파악해야 한다. 가난한 백성들이나 절대 다수의 인민들이 좋아하는 연극이나 연예는 유치한 것으로 치부하기 쉽다. 중국에서 가장 성행하는 경극도 그 음악이나 배우들의 옷이며 화장과 그들의 동작 및 연출방법 등 모두가 비현대적이고 유치하다고 보아 넘기기 쉽다. 그러나 경극은 중국의 위아래 국민들과 소수민족까지도 합쳐 모두가 함께 즐기며 한 마음을 갖게 하는 위대한 대중예술임을 알아야 한다.

　이 책을 통하여 중국의 올바른 면모를 인식하고, 우리도 그들의 장점을 배우도록 힘쓰게 되기를 간절히 빈다.

2014년 6월 3일

김학주

차례

1
중국의 글 모르는
백성들의 풍부한 지식

무척 박식했던 청나라 때의 학자 조익(趙翼, 1727-1814)이 지은 시 중에 「세속적인 연예에 대해 나는 모르는 것이 많은데, 하인들에게 물어보면 도리어 잘 알고 있어서, 그에 관한 것을 써놓고 한바탕 웃다(里俗戲劇余 多不知問之僮僕轉有熟悉者書以一笑)」라는 작품이 있다.[1] 아래에 그 시를 옮겨 본다.

> 민간연극의 유행은 본시 근거도 없는 것이라 하나
> 시골 배우는 아름다운 목소리로 공연을 하네.
> 이 늙은이 가슴에는 천 권의 읽은 책 들어 있다 하나

---

1 『甌北詩鈔』 絶句 二.

오히려 고금 일에 대한 넓은 지식은 하인들만 못하네.

焰段²流傳本不經, 村伶演作繞梁音

老夫胸有書千卷, 翻讓僮奴博古今.

중국의 가난하고 신분이 미천한 백성들은 글은 모르지만 자기네 전통연극이나 우리의 판소리와 비슷한 고서(鼓書)와 탄사(彈詞) 같은 여러 가지 설창(說唱)을 늘 즐기고 있다. 심지어 하인이나 하녀들까지도 마을에서 연출되는 여러 가지 지방연예를 상당히 자유롭게 구경할 수가 있다. 때문에 그러한 연예의 구경을 통하여 여러 사람들이 한데 모여 즐기는 한편 자기네 역사나 전설 및 사회 지식 같은 것을 무척 많이 들어서 알고 있다. 책을 많이 읽은 조익 같은 학자도 자기네 역사적인 일이나 세상 얘기에 대해서는 그 지식이 글 모르는 자기 밑의 하인들만도 못하다는 것이다. 하인들은 글은 모르지만 연극이나 설창 같은 민간연예의 공연을 통하여 역사와 사회에 대하여 학자들보다도 많은 지식을 얻고 있다는 것이다.

중국에는 어느 고장에 가더라도 그 고장의 독특한 창 가락을 바탕으로 한 여러 가지 전통적인 연극과 탈놀이·설창 등의 연예가 공연되고 있다. '설창'이란 우리나라 판소리처럼 한 사람이 북이나 현악기로 가락을 맞추면서 역사적 사실이나 영웅들의 활약상을 창으로 연출하는 것

---

2 焰段, 또는 艶段. 송(宋) 잡극(雜劇)과 금(金) 원본(院本)의 일장(一場)으로 민간연극(民間演劇)을 뜻함.

베이징 거리에서 시민들이 모여 창을 하며 즐기는 모습.

이다. 전국에 유행되고 있는 연예의 종류는 300여 종류에 달한다. 특히 서양 사람들이 흔히 'Peking Opera'라고 부르는 베이징(北京)에서 만들어져 발전한 경희(京戱) 또는 경극(京劇)이라는 연극은 온 중국에 퍼져서 소수민족(少數民族)까지도 모두가 즐기고 있고, 중국을 지배하는 중난하이(中南海)의 고위층의 사람들로부터 변두리 오지의 글 모르는 사람들까지 13억 인구의 사람들 모두가 함께 즐기는 연예로 발전하고 있다. 도시에서는 극장 이외에도 수많은 신묘(神廟)와 상공인들의 회관(會館) 및 학교나 여러 기관의 시설에서 공연이 이루어지고 있고, 농촌에는 거의 마을마다 신을 모시는 신묘 또는 사당(社堂)이 있어서 정해진 시기에 온 마을 사람들이 모여 제사를 지내면서 연극과 여러 가지 놀이를 공연하며 함께 즐긴다. 따라서 신분이 미천한 글 모르는 사람들일수록 이런 연예를 볼 기회가 많아서, 이들 연예를 통하여 얻어지는 지식이 매우 풍부하게 되는 것이다.

필자는 한동안 중국 전문가들의 협조를 얻어 관심이 있는 사람들을 이끌고 중국 민간의 전통연극과 민간연예를 탐사한 일이 있다. 중국에서는 특히 음력 설 때는 대보름날에 이르기까지 쉬면서 전국의 농민을 비롯하여 온 민족이 자기네 전통연예를 공연하면서 명절을 즐긴다. 이에 민간에서 연출되고 있는 연예의 참 모습을 보기 위하여 음력 설 때 두어 번 중국 시골 지역을 방문한 일이 있다.

1996년 설 다음날 저녁에 산둥(山東)성 즈버(淄博)시에서 좀 떨어진 버샨(博山)이란 고장 농촌 마을로 가서 수확이 끝난 들판의 밭 가운데에 가설무대를 만들어놓고 그 고장의 지방 연예인 오음희(五音戲)라는 연극

베이징 공원에서 시민들이 자유롭게 어울려 창을 하며 즐기는 모습.

을 공연하는 것을 구경한 일이 있다. 대략 천 명이 넘는 농촌 사람들이 모여 세 시간 가까이 연출되는 연극을 즐기고 있었다. 우리를 안내한 중국 학자의 말에 의하면 이 고장의 아마추어 극단이 새해를 축하하기 위하여 이 지방의 전통연극인 '오음희'를 공연하고 있다는 것이다. 처음에는 우리 일행 모두가 이런 진 밭에서 어떻게 알아듣지도 못하는 연극을 구경하느냐고 불평을 하였으나, 곧 우리도 모두가 공연되고 있는 연극의 노래와 연기에 빨려 들어가 2시간이 넘는 시간이 어떻게 흘렀는지도 모르면서 구경에 열중하였다. 이 '오음희'라는 연극은 중국 농촌의 모내기 노래인 앙가(秧歌) 가락을 바탕으로 하여 발전한 연극이라 한다. 이 지역은 지극히 가난한 농촌이었다. 친척들이 명절이라고 오래간만에 모두 모여도 화투 밖에는 칠 것이 없는 우리 백성들보다는 여러 사람들이 함께 어울려 자기네 전통연극을 즐기고 있는 중국의 가난한 농민들이 훨씬 행복하다고 여겨졌다.

1995년 설 때에는 중국 농촌의 민간연예를 구경하기 위하여 쓰촨(四川)성으로 갔다. 청두(成都)에서 북쪽으로 옛날부터 유명한 큰 길인 촉도(蜀道: 쓰촨성으로 통하는 험난한 길)를 따라 올라가 몐양(綿陽)을 지나 즈퉁(梓潼)이란 고장의 시골 마을인 위마강(御馬崗)이라는 곳의 어마사(御馬寺)라는 신묘(神廟)에서 공연되는 그 지방의 탈놀이인 재동양희(梓潼陽戲)를 구경하려는 목적이었다. 위마강은 무척 작고 외진 곳에 있는 가난한 시골 마을이었다. 그 마을 어귀에 작은 초등학교가 있어서 잠깐 들어가 보았는데, 허름한 바라크 같은 교사는 바닥이 맨 땅이었고 땅바닥에 말뚝을 박고 그 위에 판때기를 걸쳐놓은 것이 책상이었다. 앞쪽에 작은 칠판이 하나 걸려 있어서 이곳이 교실임을 겨우 알아볼 수 있는 정도였다. 이것만으로도 얼마나 가난한 고장인가 짐작하기에 충분할 것이다. 그런데 이런 마을의 신묘에서 설날을 축하하는 놀이가 벌어지고 있는 것이다. 그들은 신묘의 제사 행사를 묘회(廟會), 여기에서 공연되는 연극이나 놀이를 묘희(廟戱)라 부른다.

'어마사'는 이름만 보면 불교 사원 같으나 실은 도교와 민속적인 여러 신이 함께 모셔져 있는 신묘였다. 그 신묘는 마을에서 좀 떨어져 있는 산비탈 위에 세워져 있었다. 마을로부터 산기슭의 신묘로 들어가는 문루(門樓) 위에 연예를 공연하는 희대(戱臺)가 마련되어 있어 신묘에 모셔져 있는 신들은 그대로 앉아서 희대에서 연출되는 연예를 구경할 수가 있는 지형이었다. 천 명이 넘게 모여든 사람들은 신묘와 문루 사이에 자연스럽게 마련되어 있는 비탈진 넓은 관중석에 앉아 '묘회'를 즐기고 있었다. 먼저 천희(天戱)라 부르는 끈으로 조종하는 인형놀이에서 시작하여, 지희(地戱)라 부르는 탈놀이인 '재동양희'를 하루 종일 중국 농촌 사람들 속에 섞여 구경하였다. 신묘 주변에는 포장을 친 간이 국숫집이 늘어서 있어서 구경꾼들이 친구들과 어울려 몰려와 성시를 이루고 있었다. 다음날은 그곳의 지방희(地方戱)인 천극(川劇)이 공연될 예정이었다.[3]

이처럼 새해를 맞아 여러 사람들이 함께 모여 자기네 전통 연희를 즐기는 중국의 농민들은 비록 가난하기는 하지만 행복하다고 느껴졌다. 글자도 모르는 평범한 서민들은 교육도 제대로 받지 못하였지만 늘 즐기는 이러한 연예를 통하여 자기네 역사를 알고 세상을 알아가면서 여

---

3 『중국의 전통연극과 희곡문물·민간연예를 찾아서』(김학주, 명문당, 2007)는 이때의 탐사기록을 모은 것이니 참고 바람.

쓰촨(四川) 즈퉁(梓潼)의 어마사(御馬寺)에서 묘희(廟戱)를 하기 전에 신(神)을 모시는 모습.

러 가지 지식을 얻고 있는 것이다. 때문에 서민들이 가난하게 살기는 하지만 그 사회가 건전하고, 제대로 교육도 받지 못했지만 상식이 풍부하고 생각도 제대로 할 수 있게 되는 것이다.

한동안 경극의 대가라고 칭송을 받은 치루샨(齊如山, 1875-1962)은 그의 『오십 년 이래의 경극(五十年來的國劇)』[4]에서 이런 말을 하고 있다.

최근 1,100년 동안 중국의 전국 인민의 사상은 완전히 연극에 의하여 통제되어 왔다. 정치를 잘하든 못하든 대신이 충성스럽거나 간사하거나 하는 따위의 것은 연극 안에서 그들에 대하여 말하고 있는 것을 인민들은 따라서 그대로 말하고 또 의심 없이 철저히 믿고 있

---

4 『五十年來的國劇』第4章 關於編戱排戱看戱各方面(臺北 正中書局, 1962).

다. 그래서 공식 기록이나 공식 역사책 속의 허다한 위대한 인물들에 대하여 백성들은 알지 못하고 있는 이들이 아직도 상당히 많기는 하다. 그러나 연극 가운데 늘 나오는 사람들에 대하여는 백성들이 모르는 사람이 없다. 여기에 몇 가지 보기를 들기로 한다.

곧 주(周)나라에서는 주공(周公)과 소공(召公)이 매우 위대한 인물인데도 그들의 이름은 보통 사람들에게는 강태공(姜太公)보다 훨씬 알려져 있지 않다. 그리고 한(漢)나라에서는 소하(蕭何)나 조조(曹操) 같은 인물이 중요한데 제갈량(諸葛亮)에 비하면 훨씬 인기가 뒤져 있다. 당(唐)나라에서는 위징(魏徵)은 설인귀(薛仁貴)에 비하여 훨씬 아는 사람들이 많지 않다. 이러한 실정은 모두가 연극 때문이다…….

쓰촨(四川) 즈퉁(梓潼)의 어마사(御馬寺)에서 제양희(提陽戱) 놀이를 하기에 앞서 문창(文昌)이 사악함을 몰아내는 소탕(掃蕩) 의식을 행하는 장면이다. 문창은 이 지역을 수호해 주는 대신(大神)이다. 가운데 높이 앉아 있는 이가 문창, 바로 앞의 흰 수염을 단 탈을 쓴 이는 토지신(土地神)이다.

한 걸음 더 나가서 말할 것 같으면 심지어 당나라 때의 장사귀(張士貴)와 송나라 때의 반미(潘美)는 그들 두 사람이 정말 좋은 사람인가 정말 나쁜 사람인가 하는 것은 우리가 여기에서 따질 필요도 없고 여기의 주제에서 벗어나는 일이기도 하다. 그러나 그들 두 사람은 『당서(唐書)』와 『송사(宋史)』에서는 모두가 잘 알려진 나라의 공신이며 또한 충신이기도 한데, 연극 가운데서는 그들을 마음씨가 사람답지 않은 매우 나쁜 사람으로 내세우고 있어서 보통 사람들의 여론은 모두 그들을 나쁜 사람으로 알고 있다. 만약 그들을 변호해 주는 사람이 있다면 여러 사람들은 그를 믿지 않을 뿐만이 아니라 그들을 변호하는 사람도 좋지 않은 사람일 것이라고 생각한다. 이로써도 연극이 사회 교육에 미치는 힘이 어떤 책의 힘보다도 크다는 것을 알 수가 있다.[5]

치루샨은 중국의 전통연예 중에서도 가장 전국에 널리 유행되고 있는 '경극'이 보통의 무식한 백성들에게 끼치는 영향을 특별히 꼬집어 얘기한 것이다. 다시 량치차오(梁啓超, 1873-1929)도 「소설가에게 고함(告小

---

5 "我國千百年來, 全國人民的思想, 是完全被戲劇控制着的. 政治的好壞, 人臣的忠奸等: 戲中怎樣說, 人民就跟着怎樣說, 且是極信而無疑. 所以正經正史中許多許多的大人物, 國民不知道的還多的很, 可是戲中常見之人, 國民就沒有不知道的. 玆擧幾種如下; 比方說, 周朝的周公召公, 可以說是至高的人才了罷, 而他們的名子遠不及姜太公知道的人多. 漢朝的蕭曹, 遠不及諸葛亮名氣大. 唐朝的魏徵, 遠不及薛仁貴知道的人多, 這種情形, 都是戲劇的關係. …再進一步說, 比如唐朝的張士貴, 宋朝的潘美, 她二人眞好眞壞, 我們不必議論, 且不在本題範圍之內. 可是他們兩個人, 在唐書宋史中, 都是前幾名的功臣, 且係忠臣, 而戲劇中把他們形容的很壞, 心地不成人樣, 於是社會輿論, 都認爲他們是壞人. 倘有人替他們分辯, 則大衆不但不信, 且認爲分辯的人, 也不會是好人. 由此更可知, 戲劇關於社會教育的力量, 比任何書籍力量都大."

說家)」[6]에서 다음과 같은 말을 하고 있다.

　　원나라 명나라 이래로 소설의 힘이 사람들에게 깊이 파고들었다
는 것은 점점 지식인들 모두가 인정하고 있는 바이다. 대체로 전국
대다수 사람들의 사상과 지식은 대부분이 소설에서 나오는 것이다.
영웅을 말한다면 『삼국지』·『수호전』·『설당전(說唐傳)』·『정서전(征
西傳)』에서, 철리(哲理)를 말한다면 『봉신전(封神傳)』·『서유기(西遊
記)』에서, 애정을 말한다면 『홍루몽(紅樓夢)』·『서상기(西廂記)』에서
얻어지는 것이다. 그 밖에 셀 수 없이 많은 긴 작품과 짧은 작품이
여러 가지 널려 있는데 제각기 모두 힘의 한 부분을 나누어 차지하
고 있는 것이다…….

　　그러므로 그것들이 물들이고 감화시키는 힘의 위대함은 모든 성
인들의 경서(經書)나 현명한 사람들이 지은 책 및 시와 고문(古文)
과 사부(辭賦)들도 모두가 따를 수가 없는 것이다. 그러니 소설이 우
리 사회 교육계에서 차지하고 있는 위치를 대략 알 수가 있을 것이
다……. 다시 말하면 곧 10년 전의 옛날 사회는 거의가 옛 소설의 힘
에 의하여 이루어진 것이었다.[7]

6　梁啓超, 『飮冰室文集』卷32 所載.
7　「告小說家」; "然自元明以降, 小說勢力入人之深, 漸爲識者所共認. 蓋全國大多數人之思想業識, 强
　半出自小說. 言英雄則三國·水滸·說唐·征西, 言哲理則封神·西遊, 言情緖則紅樓·西廂, 自餘無量
　數之長章短帙, 樊然雜陳, 而各皆分占勢力之一部分. … 故其熏染感化力之偉大, 擧凡一切聖賢傳
　詩古文辭, 皆莫能擬之. 然則小說在社會敎育界所占之位置, 略可識矣. … 質言之, 則十年前之舊社
　會, 大半由舊小說之勢力所鑄成也."

량치차오가 말하고 있는 '소설'이란 말 중에는 글로 쓴 소설뿐만이 아니라 글도 모르던 서민들이 즐기던 민간연예인 우리나라 판소리와 같은 종류의 고사(鼓詞)나 탄사(彈詞) 같은 속강(俗講)이나 설창(說唱)도 다 포함되어 있는 것이다. 옛날 "전국의 대다수 사람들"은 글을 읽을 줄 모르는 문맹이었다. 그들은 책을 읽을 능력이 없지만 '설창'이나 연극의 공연을 통하여 『삼국지』·『수호전』·『서유기』·『홍루몽』·『서상기』 같은 소설과 희곡 작품의 얘기를 자주 접하고 있는 것이다.

글 모르는 인민대중을 이끌어 주고 있는 여러 가지 그들의 전통연극과 연예를 갖고 있는 중국의 백성들이 부럽다. 그들은 글은 모르지만 무식하지는 않다. 그들은 가난해도 늘 함께 어울리고 즐기고 있기 때문에 신분이 미천한 서민들의 기반이 강하고도 튼튼한 것이다. 그들은 위아래를 막론하고 온 나라 사람들이 함께 즐기는 연예가 있어서 늘 함께하고 있었기 때문에 나라의 정치는 엉망이고 주인도 없는 지경에 이르러도 큰 나라가 망하지 않고 그대로 유지될 수가 있었던 것이다.

청나라 말엽부터 중화민국에 이르기까지 그들 스스로 백년국치(百年國恥)라고 말하는 온 세계 제국주의자들에게 나라가 내맡겨지다시피 되었던 시대에도, 그처럼 큰 나라가 깨어지지도 않고 유지 발전될 수가 있었던 것은 바로 그 방대한 신분이 미천한 백성들의 힘이었다. 중국은 절대다수의 글도 모르는 가난한 백성들의 삶이 건전하였기 때문에 나라의 높은 지위에 있는 지배자들은 형편없는 지경이었는데도 큰 나라가 끄떡없이 지탱될 수가 있었다. 중국이 큰 나라로 발전하고 있는 것은 아래 가난한 백성들의 힘 덕분이다.

2

베이징(北京)의 빈민가 톈차오(天橋) 지구와
중국의 전통연예

톈차오란 어떤 고장인가?

필자의 베이징 톈차오 지역[1]에 대한 관심은 청말 민국 초기의 시인
이쉰딩(易順鼎, 1858-1920)의 「톈차오의 노래(天橋曲)」 10수[2]를 읽으면서
촉발되었다. 이 시는 민국 초기 베이징 시내의 가난한 사람들이 모여 사
는 빈민가인 톈차오 지역의 전통연예를 공연하는 극장과 배우 및 관중
들의 모습을 노래한 것이다. 시인은 이 시의 앞머리에 다음과 같은 서문

---

1 톈차오(天橋)는 베이징 외성(外城) 영정문(永定門) 안 천단(天壇) 서쪽 지역이며 지극히 가난한
   사람들이 살아 유명한 고장이다. 옛날부터 민중오락장, 노점 등으로 유명한 곳. 지금도 톈차오
   상장(天橋商場)이 있다.
2 『哭庵賞菊詩』所載.

을 달고 있다.

"톈차오는 수십 보(步) 넓이의 땅인데, 거기에 남희원(男戱園) 2집, 여희원(女戱園) 3집, 악자관(樂子館) 3집, 여악자관(女樂子館) 또 3집이 있다. 연극 관람료는 3매(枚)이고, 찻값은 겨우 2매이다. 희원이나 악자관은 나무 시렁을 엮고 자리를 깔아 만들었고, 떠돌아다니는 사람들이 개미떼 같았는데 가난한 사람들이 대부분이다. 악자관은 내부가 약간 깨끗하고 떠돌아다니는 사람들도 적다. 펑펑시(馮鳳喜)라는 자가 매력이 있어 인기가 있다. 이전 청나라 때부터 베이징의 가난한 백성들은 생계가 날로 어려워져서 떠도는 백성들이 날로 늘었다. 가난한 사람들이 재주를 팔아 영업을 하는 장소에 부자들은 오지 않는다. 그래서 가난한 사람들이 재주를 팔아 영업을 하여 올리는 소득은 모두가 가난한 사람들의 재물이다. 나는 멋지고 날렵한 사람들도 보았지만 불쌍한 처지의 사람들도 보았는데, 그러나 멋있고 날렵한 자들도 모두가 결국은 불쌍한 자들이다. 나와 함께 떠돌아다니는 자들도 불쌍한 자들이다. 여기까지 쓰다 보니 나는 울음보가 터지려한다."[3]

그의 시 10수 중 앞머리 3수만을 아래에 소개한다.

---

3 天橋數十弓地耳, 而男戱園二, 女戱園三, 樂子館又三, 女樂子館又三. 戱資三枚, 茶資僅二枚. 園館以席棚爲之, 游人如蟻然, 窶人居多也. 樂子館地稍潔, 游人亦少. 有馮鳳喜者, 楚楚動人. 自前淸以來, 京師窮民生計日艱, 游民亦日衆. 貧人鬻技營業之場, 爲富人所不至. 而貧人鬻技營業所得者, 仍皆貧人之財. 余旣睹驚鴻, 復睹哀鴻, 然驚鴻皆哀鴻也. 書至此, 余欲哭矣!

1

늘어진 버들가지 같은 허리는 완전히 여자 같고
저녁 햇살 아래 얼굴빛은 꽃보다도 아름답네.
술집 깃발 아래 연극하는 북소리 톈차오 저잣거리에 울리는데
많은 놀러 나온 사람들은 집 생각도 안하네.

垂柳腰支全似女, 斜陽顏色好于花.
酒旗戲鼓天橋市, 多少遊人不憶家.

2

톈차오 다리 밖은 붉은 저녁노을 아름다우니
놀러 나온 사람들 개미처럼 분주해도 이상히 여기지 말게.
저잣거리로 들어가 일전만 내면 서시 같은 미인 볼 수 있어
온 마을이 북 울리며 연극 따라 창을 하네.

天橋橋外好斜陽, 莫怪遊人似蟻忙.
入市一錢看西施, 滿村疊鼓唱中郎.

3

연가·가무의 두 높은 희대(戲臺) 저쪽으로
또 차원(茶園) 몇 곳을 열고 있네.
어느 곳에 가을이 깊어 사람들이 적어졌다 하였는가?
오히려 극장을 찾아 사람들 몰려오네.

燕歌歌舞兩高臺, 更有茶園[4]數處開.

何處秋多人轉少? 却尋樂子館中來.

　청나라 조정에서는 한때 만주족과 한족이 함께 어울려 살지 못하도록 하는 정책을 써서 베이징 성안의 한족들을 모두 남성(南城) 쪽으로 몰아내어, 특히 청 말엽에서 중화인민공화국이 수립되기까지 베이징의 톈차오 지역은 만주족은 살지 않는 빈민가로 변모되었다. 그러나 이 지역은 베이징의 남쪽 옛날 천자가 하늘에 제사지내기 위하여 마련한 천단(天壇)의 바로 서쪽에 자리를 잡고 있다. 천자가 하늘에 제사지내러 가려면 자금성(紫禁城)을 나와 톈안먼(天安門)과 쳰먼(前門)을 지나서 곧장 지금의 쳰먼대가(前門大街)를 따라 남쪽으로 내려와 룽쉬꺼우(龍鬚溝)라 부르는 큰 개울을 건너가지 않으면 안 되었다. 거기에 크고 멋진 다리를 놓았는데 이는 천자를 위한 다리라서 '하늘 다리' 곧 '톈차오(天橋)'라 부르게 되었다. 그리고 뒤에는 이 다리 이름이 다시 그 지역 이름으로도 발전한 것이다. 동쪽 서쪽으로 길게 흐르는 그 개울도 천자가 그 위를 지나다니는 개울이어서 '용의 수염개울', 곧 룽쉬꺼우(龍鬚溝)라고 부르게 된 것이다. 룽쉬꺼우는 천단의 바로 북쪽에 서쪽에서 동쪽으로 길게 흐르던 개울이다.[5]

　인민의 작가로 이름을 떨친 라오셔(老舍, 1899-1966)의 유명한 희곡 작

4　앞 구의 연가(燕歌)와 가무(歌舞)는 남희대(男戲臺)의 이름, 다원(茶園)은 모두 여희원(女戲園)이라고 작가가 주(注)를 달고 있다.

5　천단(天壇) 북쪽의 톈차오(天橋) 다리 서쪽 룽쉬꺼우(龍鬚溝)는 1918년에, 동쪽은 1950년에 복개(覆蓋)되어 지금은 이 개울과 톈차오 다리를 볼 수 없게 되었다.

품인 「룽쉬꺼우」는 톈차오에 있던 그 개울 이름을 딴 것이다. 작가는 이 작품 첫 머리에 우선 룽쉬꺼우라는 지역의 특징을 다음과 같이 설명하고 있다.

룽쉬꺼우. 베이징 톈차오의 동쪽에 있는 유명한 시궁창 개울이다. 개울 속은 울긋불긋 푸룻푸룻한 짙은 진흙탕에 쓰레기와 걸레와 죽은 쥐와 죽은 고양이와 죽은 개가 섞여 있고 가끔 죽은 아이도 발견된다. 근처의 가죽 무두질 공방과 염색 공방에서 쏟아내는 고약한 냄새가 나는 물과 오랜 동안 치운 적이 없는 똥오줌 같은 것이 모두 여기에 모여 한꺼번에 썩고 있다. 개울물의 색깔이 울긋불긋 푸룻푸룻하게 변했을 뿐만이 아니라 그곳의 냄새를 꽤 먼 곳에서 맡는다 하더라도 구역질이 날 정도이다. 그래서 이 일대를 사람들은 '구린 내 개울가'라고 부른다. 개울 양쪽 가에는 막일꾼이나 놀이꾼 등 여러 가지 어렵게 일하며 살아가는 사람들이 빽빽이 잔뜩 모여 살고 있다. 그들은 하루 종일 또는 일 년 내내 죽을 때까지 이 더럽고 고약한 냄새가 나는 공기 속에서 발버둥치고 있는 것이다. 그들의 판 잣집은 언제나 무너질 위험에 놓여 있다. 집안에는 거의 모두 변소도 없으니 부엌은 더 말할 나위도 없다. 수도가 없어서 쓰면서도 짜고 흙 비린내가 나는 샘물을 마시는 수밖에 없다. 어디를 가나 벼룩이 떼를 지어 튀고 있고, 모기가 무리를 지어 날고 있고, 고약한 벌레들이 헤아릴 수 없이 기어들고, 쉬파리 무리는 검은 덩어리처럼 몰려 있어서 병을 옮기고 있다.
비가 오기만 하면 길거리뿐만이 아니라 온 고장이 흙탕물 구덩이

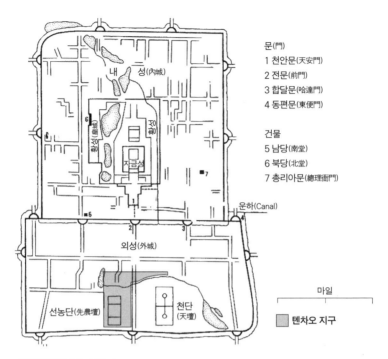

문(門)
1 천안문(天安門)
2 전문(前門)
3 합달문(哈達門)
4 동편문(東便門)

건물
5 남당(南堂)
6 북당(北堂)
7 총리아문(總理衙門)

운하(Canal)

마일

텐차오 지구

베이징 중심부 평면도(텐차오)

가 되고 구린내 나는 도랑물은 넘쳐흘러 똥과 구더기까지 뒤섞여 거침없이 길거리보다 낮은 곳의 사람들이 살고 있는 집 마당이나 집 안까지 흘러들어 모든 것을 흠뻑 적셔 놓는다. 유월 장마철이 되어 여러 날 비가 이어지면 구린내 나는 물속에는 죽은 고양이, 죽은 개, 죽은 아이까지도 떠서 방 안까지 밀려오고, 커다란 구더기가 온 집 안에 꿈틀거린다. 사람들도 마치 그 속의 한 마리 구더기처럼 처참한 모습으로 꿈틀거리고 있다.[6]

「룽쉬꺼우」는 여기에 살고 있는 사람들의 비참한 생활을 주제로 한 작품이다. 라오셔는 문화대혁명 때 죽기 전에 「톈차오」라는 소설도 쓰고 있었다 한다. 톈차오는 베이징의 유명한 거지 떼인 가이방(丐帮)의 근거지이기도 하고, 길거리에는 그곳에서만 쓰는 특수 용어로 다오와(倒臥)라 불리는 죽어 쓰러져 있는 사람의 시체가 흔히 눈에 띈다 하였다. 이 정도의 설명으로도 톈차오는 세계적인 빈민가였음을 알 수 있을 것이다. 한 마디로 그곳은 극도의 가난과 갖가지 질병과 온갖 범죄와 부정이 범벅이 되어 있는 상상하기도 어려운 상태의 고장이었다. 다만 이러한 톈차오의 참상은 중화인민공화국이 들어선 뒤 1950년부터 개선되기 시작하여 지금은 크게 달라졌으나 아직도 중국의 가난한 서민들이 지녔던 전통이 적지 않게 보전되고 있다.

그러나 이미 앞에 소개한 이슌딩의 「톈차오의 노래」에서 톈차오라는 지역은 세계 여느 지역의 빈민가와는 다른 성격을 지니고 있다는 것을 알 수 있었을 것이다. 이슌딩이라는 시인이 앞머리에 소개한 시의 서문에서 이 고장 사람들이 즐기는 연극 연예 실정을 소개하고 나서 끝머리를 "여기까지 쓰다 보니 나는 울음보가 터지려 한다."는 말로 맺고 있을

6 　第一幕 地點; 龍鬚溝. 這是北京天橋東邊的一條有名的臭溝, 溝裏全是紅紅綠綠的稠泥漿, 夾雜着垃圾,破布,死老鼠,死猫,死狗和偶爾發現的死孩子. 附近硝皮作坊, 染坊所排出的臭水, 和久不淸除的糞便, 都聚在這裏一齊發霉. 不但溝水的顏色變成紅紅綠綠, 而且氣味也敎人從老遠聞見就要作嘔, 所以這一帶才俗稱爲"臭溝沿". 溝的兩岸, 密密層層的住滿了賣力氣的,耍手藝的, 各色窮苦勞動人民. 他們終日終年乃至終生, 都掙扎在那骯髒腥臭的空氣裏. 他們的房屋隨時有倒塌的危險, 院中大多數沒有厠所, 更談不到廚房. 沒有自來水, 只能喝又苦又鹹又發土腥味的井水. 到處是成群的跳蚤, 打成團的蚊子, 和數不過來臭蟲, 黑壓壓成片的蒼蠅, 傳染着疾病. 每逢下雨, 不但街道整個的變成泥塘, 而且臭溝的水就漾出槽來, 帶着糞便和大尾巴蛆, 流進居民們比街道還低的院內,房裏, 淹濕了一切的東西. 遇到六月下連陰雨的時候, 臭水甚至帶着死猫, 死狗,死孩子冲到土炕上面, 大蛆在滿屋裏蠕動着, 人就彷彿是其中的一個蛆蟲, 也凄慘地蠕動着.

톈차오에 새로 들어선 백화점.

정도로 독특한 고장이다. 여기서 문제를 삼으려는 것은 바로 이곳의 그 다른 지역과는 빼어나게 다른 특징이다.

필자는 베이징에 가서 시간 여유가 있을 때 홀로 톈차오 지역을 두세 번 찾아가 그곳의 실정을 살펴보았다. 이미 그곳은 새로 길이 넓게 트이고 개울도 복개되고 모든 구역이 정비되어 옛날과는 크게 달라져 있다. 우선 천단공원(天壇公園) 서쪽 문을 나가면 바로 톈안면으로 이어지는 톈차오남대가(天橋南大街)인데 그 서쪽이 톈차오 지구이다. 그런데 눈에 들어오는 것은 현대적으로 잘 정비된 거리와 영화관 백화점 등이어서 우선 실망을 하게 된다. 그리고 그 남쪽의 선농단(先農壇) 자리에는 큰 운동장이 들어서 있고, 북쪽으로 길을 따라 올라가면 톈차오상장(天

橋商場)인데 빈민가 냄새는 느낄 수가 없다. 시인 이슌딩과 세계적인 화가 치바이스(齊白石)가 자주 찾아갔다는 수심정(水心亭)이며 텐차오조차도 옛날 자리를 더듬을 수 있을 따름이었다. 새로 지은 대규모의 우의의원(友誼醫院)·천단의원(天壇醫院) 등이 보이고, 규모가 무척 큰 베이징자연사박물관(北京自然史博物館)이 옛날 희원(戲園) 자리에 들어서 있다. 그곳 시장이나 길거리 식당에는 가난한 시절의 것들을 새로 조성한 것들이 있는 것 같았지만 실제로 그것들을 확인할 길은 없었다. 갈 때마다 시간이 부족하여 주마간산(走馬看山) 격으로 그곳의 일부 지역을 대강대강 구경하는 수밖에 없었던 것이 무척 아쉽다.

텐차오 팔대괴인(八大怪人)과 여러 방면의 연예인들

청나라 말엽에서 중화민국 무렵에 걸쳐 텐차오에 세상에서 '팔대괴인'이라고 부른 예인들이 3대에 걸쳐 활약하고 있었다 한다.[7] 이들을 '괴인'이라고 부른 것은 이들 모두 빼어난 예능과 여러 가지 재주를 갖고 있어 일반 사회에서 활약하면 유명 연예인으로 돈도 많이 벌어 잘 살고 큰 명성도 누릴 터인데 빈민굴인 이곳 텐차오에 와서 가난한 사람들을 상대로 연기를 하며 푼돈을 받고 역시 가난하게 살고 있었기 때문이다. 같은 중국 사람들이 보아도 예능인이 아니라 '괴인'으로 보였던 것이다. 제1대 '팔대괴인'은 대체로 청나라 말엽 함풍(咸豊, 1851-1861)·동치(同治,

---

7 劉仲孝『天橋』(段柄仁 主編 北京地方志·風物圖志叢書, 北京出版社, 2005) 의거.

1862-1874) · 광서(光緒, 1875-1908) 연간에 걸쳐 활약했던 예인들이다. '가난도 두려워하지 않는다'는 뜻의 '청부파(窮不怕)'라 불리던 경극(京劇)의 웃기는 역할을 하는 축(丑: 어릿광대) 역이 전문이었고, 특히 무극(武劇)에 뛰어났으며 중국적인 만담인 상성(相聲)도 잘한 주샤오원(朱紹文), '사람을 배 아프게 하고 오줌 싸게 만드는 고약'이란 뜻으로 '추냐오까오(醋溺膏)'라 불리며 우스갯소리와 '상성'에 뛰어났고 산시(山西)의 시골 노래와 지방의 민요인 산가(山歌) · 마두조(碼頭調)를 잘 부르던 장(張)씨 성을 가진 이를 비롯한 연예에 뛰어난 사람들 8명이 '제1대 팔대괴인'이었다.

제2대 '팔대괴인'은 대체로 중화민국 말기 이전에 활약했던 예인들이다. '늙은 구름 위를 나는 자'란 뜻의 '라오윈리훼이(老雲裏飛)'라 불리고 경극의 '어릿광대' 역이 전문이었고, 특히 무술 재주와 코믹한 연기로 이름을 날린 바이칭린(白慶林), '청씨 바보'란 뜻의 '청쑈즈(程傻子)'라 불리며 잘 길들여진 검은 곰을 데리고 다니면서 여러 가지 잡기(雜技)를 잘하여 이름이 알려진 청후셴(程福先) 등 8명을 이른다.

제3대 '팔대괴인'은 대체로 제2차 세계대전이 끝날 무렵부터 중화인민공화국 초기에 이르는 나라는 극도로 혼란하였지만 톈차오는 가장 활발하게 움직였던 시기에 활약한 연예인들이다. 그 중 '구름 위를 나는 자'란 뜻의 '윈리훼이(雲裏飛)'는 앞에 소개한 '라오윈리훼이'라고 불리던 바이칭린의 아들인데 경극의 어릿광대 역할에서 단(旦: 여자) 역에 이르기까지 못하는 게 없었던 예인이다. 그리고 톈차오로 들어와서는 코믹한 경극 연기와 '상성'으로 인기를 끌었던 바이바오샨(白寶山), 청부파의 제자로 '짜오더하이(焦德海)' 같은 사람들이 '팔대괴인'이라 지목되었다. 이들 '팔대괴인'은 톈차오의 수많은 예인들 중에서도 그때그때 가장 두

각을 들어내던 사람들 여덟 사람이다.

청산칭(成善卿)의 『톈차오 사화(天橋史話)』[8]를 보면 '팔대괴인' 이외에, 이 시기에 대단한 인기를 누리며 뛰어난 연기로 유명했던 사람들로 1) 톈차오 조기예인(天橋早期藝人)으로 앞에 이미 소개된 청부과 이하 16명, 2) 톈차오 중기예인(天橋中期藝人)으로 특히 '상성'을 잘하여 '모든 사람들을 미혹시킴'이란 뜻의 이름이 붙여진 완런미(萬人迷) 이하 21명, 3) 톈차오 만기예인(天橋晩期藝人)으로 '상성'과 설창(說唱)에 뛰어나 톈진(天津) 및 베이징 등지에서 명성을 떨친 허우바오린(侯寶林) 이하 22명의 이름을 각각 들고 그들의 특기와 활약상에 대하여 소개하고 있다.

'팔대괴인'들이 활약하던 시기에 그들 이외에도 톈차오에는 경극·평극(評劇)[9]을 비롯하여 거지의 장타령에서 발전한 연화락(蓮花落), 모내기 노래에서 발전한 앙가(秧歌), 우리나라 판소리에 가까운 형식의 대고서(大鼓書) 같은 '설창' 등의 전통 민간곡예(曲藝) 및 무술(武術)·잡기와 민간연예를 전문으로 하는 예인들이 오륙백 명 정도가 활약하고 있었다 한다. 인형극(木偶戲)과 그림자놀이(皮影戲)도 상당히 성행하였다. 그리고 단현(單絃)과 두 사람 이상이 하는 '상성' 및 경극의 코믹 연기 등 톈차오에서 개발되어 발전된 그들의 전통연예와 연기도 많다고 한다.[10]

이들은 빼어난 재주를 지니고 있으면서도 귀족과 부자들이 사는 베이징 북성(北城) 지역에 가서 공연하여 돈을 벌 생각은 하지 않고 매우

---

8 1990년 北京 三聯書店 발행.
9 평극(評劇)은 화북(華北)·동북(東北) 지방을 중심으로 유행하는 지방 희곡의 일종. 하북(河北) 동쪽 지방에서 이루어진 것이나 지금은 다른 극종(劇種)의 기예(技藝)도 흡수하여 많은 발전을 이루고 있다.
10 이 대목은 成善卿 『天橋史話』(北京, 三聯書店, 1997) 의거.

가난한 사람들과 어울려 겨우 목숨이나 부지하면서도 자기의 연예를 공연하며 가난한 생활을 여러 사람들과 함께 즐겼다. 이처럼 세계적인 빈민가인 베이징의 톈차오에는 수백 명의 뛰어난 연예인들이 길거리에서 자기의 재주를 연출하고 자기가 지닌 전통연예를 더욱 갈고 닦아 발전시키며 가난한 사람들이 내는 푼돈을 받아 입에 풀칠이나 하며 살아가면서도 그들과 함께 즐기고 있었던 것이다. 정말 우리로서는 모두가 쉽사리 이해하기 힘든 사람들이다.

그들은 가난했지만 나라를 위하는 일이라면 목숨도 아끼지 않았다. 톈차오 지역에서 활동한 중국의 만담인 상성(相聲)의 대가 허우바오린(侯寶林)의 경우를 보면 1951년 3월에 부조위문단(赴朝慰問團)의 총단(總團) 문공단(文工團)의 부단장으로 북한에 가서 위문활동을 하다가 돌아와서는 곧 『포로수용소(俘虜營)』와 『개다리 이승만(狗腿子李承晩)』이라는 새로운 '상성' 작품과 북한의 운산전투(雲山戰鬪) 소식을 주제로 한 『비호산(飛虎山)』이라는 창사(唱詞)를 창작하여 공연하였다 한다. 그뿐 아니라 적지 않은 많은 사람들이 한국전쟁 당시 위문활동에 참여한 기록이 있다. 이미 1951년 6월 5일에 베이징시에서는 부조위문단으로 갔다가 죽은 연예인으로 톈차오에서 활약하던 '상성'의 명인 창바오쿤(常寶坤)을 비롯하여 랴오헝루(廖亨祿) · 청슈당(程樹棠) · 왕리가오(王利高) 등 네 사람의 추도회를 열고 있다.[11] 휴전협정이 맺어질 때까지 이들은 전선 최전방까지 가서 위문활동을 하였으니 적지 않은 사람들이 희생되었을 것이다.

---

11 成善卿 『天橋史話』(北京 三聯書店, 1990); 劉仲孝, 『天橋』(北京出版社, 2005) 참조.

중국의 가난한 백성들은 글도 모르고 먹고 살아가기가 힘들어도 자기들의 연예를 닦고 그 연예의 공연으로 여러 사람들과 어울려 즐기면서 함께 나라도 위하고 세상도 위하면서 살아간 것이다. 그러기에 중국의 왕실이나 지배계층 및 지식인들도 자기네 전통연예를 좋아하였지만 가난한 서민들이야말로 그들 전통연예를 계승·발전시키는 중심 세력이었다. 따라서 가난한 사람들이라 하더라도 연예에 대한 조예는 매우 깊었다. 청말에서 민국 초에 활약한 쉬커(徐珂)의 『청패류초(淸稗類鈔)』 권78 피황희(皮黃戲)[12] 대목에는 지금도 중국 전국에서 널리 공연되고 있는 중국의 대표적인 전통연극인 경극(京劇)과 가난한 서민들의 관계를 쓴 다음과 같은 기록이 보인다.

'경극'인 '피황희'는 베이징에서 성행되어 그 가락은 베이징에서 다 갖추어졌다. 장사꾼이나 심부름꾼들도 짧은 옷에 머리를 동여매고서 늘 희원에 들어가 경극을 보았는데, 그 한 가락 한 박자의 곡조에서도 연출자의 잘잘못을 모두 판별할 수 있었다. 잘하면 갈채로서 연출에 보답하였고, 잘하지 못할 경우에는 소리를 지르면서 욕하였다. 희원 안의 모든 사람들이 약속도 안하였으되 모두 같은 소리를 냈다…… 그러므로 베이징의 배우들은 고관이나 돈 많은 상인들의 칭찬을 받는 것을 영예로 여기지 않고 도리어 가난한 청중들의 여론에서 욕을 먹지 않으려고 신중히 신경을 쓰며 규칙에 어긋나지 않으려 하였다. 진실로 여기에 실패하지 않으면 유능하다

---

12 경극의 창(唱) 가락이 이황조(二黃調)와 서피조(西皮調)를 바탕으로 이루어진 것이어서 경극을 피황희(皮黃戲)라고도 부르는 것이다.

고 인정되었다.[13]

이것은 톈차오 같은 빈민가가 오히려 중국 전통문화의 디딤돌이었음을 말해 준다. 그래서 시인 이슌딩은 앞머리에 인용한 것처럼 눈물을 머금고 톈차오의 연예 상황을 시로 읊고 있는 것이다. 그가 시의 서문에서 톈차오의 매력 있고 인기 많은 배우라고 한 펑펑시(馮鳳喜)는 경극의 여자역인 단(旦) 역을 하는 배우인데, 이슌딩 스스로가 그 배우의 연기와 외모에 매료되어 있었다. 그는 시에서 "톈차오의 펑펑시를 본 이래, 매일 마다않고 톈차오로 가네." "나는 늙어가고 돈도 떨어져 가는데, 펑펑시는 가을이 되었는데도 얇은 푸른 옷소매 사느랗네."[14] 하고 읊고 있다. 그리고 시인은 그 당시의 세계적인 대화가 치바이스(齊白石, 1863-1957)[15]와 함께 자주 톈차오의 연예를 공연하며 차를 파는 허름한 수심정(水心亭)으로 가서 판소리와 비슷한 대고서(大鼓書)를 즐기기도 하였다 한다.

그들뿐만이 아니라 많은 문인·화가와 지식인들이 톈차오와 인연을 맺고 있다. 이슌딩에 앞서 황경인(黃景仁, 1749-1783)·홍량길(洪亮吉, 1746-

---

13 "皮黃盛於京師, 故京師之調尤至. 販夫豎子, 短衣束髮, 每入園聆劇, 一腔一板, 均能判別其是非. 善則喝采以報之. 不善則揚聲而辱之. 滿座千人, 不約而同. … 故優人在京, 不以貴官巨商之延譽爲榮, 反以短衣座客之興論爲辱, 極意矜愼, 求不越矩. 苟不顧躓於此, 斯謂之能."

14 「天橋曲」 第8·9首; 箏人去後獨無聊, 燕市吹殘尺八簫. 自見天橋馮鳳喜, 不辭日日走天橋. 哭庵老去黃金盡, 鳳喜秋來翠袖寒. 汝久豈寒吾速老, 賴寒博得幾回看?(補注; 哭庵은 易順鼎의 號임)

15 齊白石; 본 이름은 璜, 호가 白石. 湖南 湘潭 사람. 일찍이 목수 노릇을 하면서도 문학을 좋아하여 문인들과 어울리면서 그들에게서 글과 서도 그림을 배워 그린 그림과 도장을 새겨 팔았다. 57세에 베이징으로 진출, 그림을 본격적으로 그리기 시작하여 꽃·새·풀·벌레 그림에 뛰어나고 힘있고 개성적인 화풍(畵風)을 이루었다. 1953년에는 문화부(文化部)로부터 '中國人民傑出的藝術家'라는 칭호를 받고, 중국미술가협회 주석(主席)이 되었으며, 1954년에는 전국인민대표대회 대표, 1957년에는 베이징중국화원(北京中國畵院) 명예원장이 되었다. 그는 틈날 때마다 톈차오로 와서 돌아다니면서 차관(茶館)을 찾아가 각종 연예를 즐겼다.

1809) · 장문도(張問陶, 1764-1814) · 손이준(孫爾准, 1770-1832) 등의 시인들이 텐차오에 가서 즐기고 놀며 시를 짓고 있다. 라오셔 이외에도 장흔슈이(張恨水, 1895-1967)가 『제소인연(啼笑因緣)』이란 소설을 쓰고 있는데, 이 소설에는 주인공이 텐차오의 여러 가지 연예를 공연하는 찻집을 찾아가 차를 마시며 대고서와 상성 및 경극의 연창(演唱)을 듣고 여러 가지 잡기와 무술을 구경하는 모습들과 그곳 찻집의 분위기와 모습들이 자세히 쓰인 대목들이 있다. 이 밖에도 여러 문인들이 텐차오에 관한 시와 소설을 쓰고 있고, 텐차오의 풍경을 그린 화가들도 있다. 곧 문인과 화가 같은 지식인들도 극히 가난한 사람들의 생활을 싫어하지 않았을 뿐만 아니라 그들과 어울려 놀기를 좋아하였다. 이러한 지식인들의 참여가 있었기 때문에 지독히 가난하여 먹고 살기에도 벅찬 그들이었지만 자기들의 전통연예를 모두가 함께 즐기며 발전시킬 수가 있었을 것이다.

텐차오의 희원(戱園)과 연예인 모임

앞에서 이야기한 텐차오의 '팔대괴인'을 비롯한 수많은 민간연예인들은 모두 개인적으로 길거리에서 자기 재주로 사람들을 모아놓고 공연하며 푼돈을 받아 연명하던 사람들이다. 뛰어난 재주를 지녔으면서도 생활은 무척 가난했기 때문에 사람들은 그들을 괴상한 사람들이라 하여 '괴인'이라 불렀고, 그들의 별호도 '가난을 겁내지 않는다'는 뜻의 '청부파(窮不怕)'니 '바보'라는 뜻의 '쇼즈(傻子)'니 하고 불렀던 것이다. 그러나 결국 청나라 말엽에 가서는 텐차오에서 차츰 차를 팔며 연예를

공연하는 약한 비바람도 제대로 가리지 못하는 찻집이 생겨나기 시작
하였다. 그 중에는 전문적으로 차만 파는 집도 더러 있었지만, 차를 팔
면서 평서(評書)[16]를 공연하는 곳, 연화락(蓮花落)[17]·대고서(大鼓書)[18]·무
술 등의 재주를 공연하는 집 등이 생겨났다. 이러한 찻집을 차붕(茶棚)
또는 차좌(茶座)·차관(茶館) 등으로 부르게 되었다. 그러나 제대로 된 극
단이나 극장 또는 연예인들의 조직 같은 것은 없었다. 톈차오 예인들의
공연 모습을 알려주는 청말 민국 초기의 시가 한 수 있다. 곧 시인 왕술
조(王述祖)가 '평서'의 공연 실황을 읊은 「천교사(天橋詞)」라는 작품이다.

길가에서 한 나그네가 이야기 하느라 바쁜데
외다리 기둥이 낮은 장막 바치고 있네.
머리 흰 늙은이와 어린 아이들이 함께 앉아 듣고 있는데
거지들은 앞을 다투어 손에 든 물건을 바치려 하네.

道旁有客說書忙, 獨脚支棚矮兒帳.
白叟黃童齊坐聽, 乞兒爭進手中香.

중화민국이 들어서면서 사정이 달라지기 시작한다. 1912년 음력 정

---

16 評書; 연예인이 부채나 손수건을 들고 딱따기를 치면서 청중(聽衆)들에게 긴 옛날 얘기를 강설
(講說)하는 중국 전통곡예(傳統曲藝)의 일종임.
17 蓮花落; 竹板으로 節拍하며 여러 가지 이야기를 講唱하는 곡예의 일종. 본시 불교에서 나왔으나
거지들이 장타령으로 부르기도 했으며, 지금은 전국 각지에서 여러 가지 형태로 공연되고 있
다. 베이징 지역에서는 흔히 落子(Lao'Zi)라고 한다.
18 大鼓書; 북으로 節拍하며 이야기를 강창하는 우리나라 판소리 형식의 民間演藝.

월 유명한 경극의 무생(武生: 남자 무사역)인 위즌팅(兪振庭)[19]이 텐차오의 샹창루(香廠路) 북쪽에 들어와 처음으로 간단히 나무와 새끼줄로 얽어 만든 극장인 진화대희붕(振華大戲棚)을 만들고 극단인 희반(戲班)을 조직하여 본격적으로 경극을 공연하기 시작하자 대성황을 이루게 된다. 여기의 공연이 대성황을 이룬 영향으로 먼저 연무대(燕舞臺)·가무대(歌舞臺)·악무대(樂舞臺)의 세 극장이 생겨났고, 연이어 승평무대(承平舞臺)·중화무대(中華舞臺)·길상무대(吉祥舞臺)·진선무대(振仙舞臺)·공화무대(共和舞臺) 등이 생겨나 이미 있던 많은 연예인들을 동원하여 본격적으로 경극과 평극(評劇)[20] 등을 공연하기 시작하였다.

방자강(梆子腔)[21]도 그곳에 있던 배우들에 힘입어 상당히 많이 공연되었다. 그러자 곧이어 단계희원(丹桂戲園)·영합원(榮合園)·천락원(天樂園)·소도원(小桃園)·덕성헌(德盛軒)·만성헌(萬盛軒) 등 작은 극장들이 더 늘어났다. 이들 극장에서는 경극과 평극이 주로 공연되었고, 여러 명의 명배우들이 배출되었다. 지금은 이런 작은 극장들은 자취를 감췄으나 텐차오시장(天橋市場) 옆에 있는 만승극장(萬勝劇場)은 이전의 소희원인 '만성헌'이 발전된 것이라 한다. '가무대' 극장이 생겨난 뒤 군익사(群益社)라는 상당히 큰 규모의 배우들을 양성하는 기관인 과반(科班)도 생

---

19 兪振庭; 베이징 사람. 유명한 경극의 武生 兪菊笙의 아들. 武生으로 이름을 날렸으나 병이 들어 공연을 못하게 되자 극단인 戲班과 京劇演藝人을 양성하는 科班을 조직하여 많은 배우들을 길러내고 경극 성행에 공헌하였다. 振華大戲棚에도 많은 관중이 몰려들었다 한다.

20 評劇; 주로 華北과 東北 지방에서 유행하기 시작한 地方戲의 일종. 河北 동쪽지방에서 생겨났는데 河北梆子와 경극 등의 연출기법을 받아들여 더욱 발전시켰고, 처음에는 蹦蹦兒戲 또는 落子라고도 불렀다.

21 梆子腔; 중국에 유행하는 희곡음악의 일종. 梆子는 딱따기로 唱의 節奏를 맞추어서 붙여진 이름. 陝西 지방에 유행하는 秦腔을 비롯하여 山西梆子·河北梆子·山東梆子 등이 있다.

겨나 많은 연극인들을 길러내어 경극 발전에 크게 공헌하기도 하였다. 이 밖에 톈차오에서는 크고 작은 무리들이 노천의 가설무대에서도 자주 공연하였다. 지금은 개명희원(開明戲院) 등 영화도 상연하는 현대적인 극장도 세워지고 있다.

여기에서 활약한 경극의 명배우로 '톈차오 마롄량(天橋馬連良)'이라고도 불린 량이밍(梁益鳴)이 있다. 그는 어려서 톈차오의 군익사에 들어가 경극 연기를 배우기 시작하여 뒤에는 직접 대배우 마롄량(馬連良, 1901-1966)을 스승으로 모시고 그의 연기를 열심히 갈고 닦아 마롄량 못지않은 연기로 공연을 하였다 한다. 1948년부터 1951년에 이르는 기간 마롄량은 어지러운 시국을 피하여 홍콩에 가 있었는데, 베이징의 마롄량 팬들은 대신 모두 톈차오로 달려가 량이밍의 연기에 열광하여 특히 유명하였다. 그러나 량이밍도 문화혁명 기간에 마롄량과 함께 박해를 받고 억울하게 죽었다.

1979년에는 톈차오의 원로 경극 연예인 30여 명이 중심이 되어 노년경극대(老年京劇隊)가 결성되어 공연활동을 시작했다. 곧 대원이 60여 명으로 늘어나 톈차오지구경극단(天橋地區京劇團)으로 이름이 바뀌었다가, 1983년 7월에는 톈차오지구 아마추어 경극단(天橋地區業餘京劇團)으로 개편되어 톈차오예당(天橋禮堂)을 극단활동의 근거지로 쓰면서 전국에 이름이 알려진 아마추어 극단으로 발전하였다.[22]

---

22 北京市藝術研究所·上海藝術研究所 編著 『中國京劇史』 下卷 第二分冊(中國戲劇出版社, 1999) 의거.

텐차오 부근의 신묘(神廟)와 묘회(廟會)

텐차오 지역은 워낙 가난한 사람들이 모여 사는 곳이라 나라의 행
사에 쓰이던 선농단(先農壇)[23]이 그 남쪽에 있을 뿐 그럴싸한 신을 모시
는 묘관(廟觀)이나 사원(寺院)은 지어질 수 없는 곳이다. 그러나 텐차오
근처에는 적지 않은 신묘가 있다. 영우궁(靈佑宮)·인수사(仁壽寺)·천선
묘(天仙廟)·진무묘(眞武廟)·두모궁(斗姥宮)·만명사(萬明寺)·용천사(龍泉
寺)·태청관(太淸觀)·자비암(慈悲庵)·관음사(觀音寺)·우성암(佑聖庵)·홍
묘(紅廟)·정충묘(精忠廟) 등 무척 많다.

이 신묘와 사원에서는 모두 일정한 시기에 거기에 모신 신에게 제사
를 지내는 묘회(廟會)가 벌어지는데, '묘회'에서는 신을 즐겁게 해주고
사람들도 함께 즐기기 위하여 여러 가지 그 지방의 연극과 연예가 공연
된다. 이 텐차오 근처의 '묘회'에는 특히 수많은 텐차오 연예인들이 출연
을 하게 되고 텐차오 사람들과 그 근처의 농민들이 몰려들어 대단히 성
황을 이루었다 한다. 따라서 이들 묘회를 통해서 여러 가지 민간연예가
자연스럽게 전승 발전되었다. 텐차오 동북쪽에는 송(宋)대의 애국 장군
악비(岳飛)를 모시는 정충묘(精忠廟)가 있는데, 청대부터 악비를 제사지
내면서 나라를 사랑하는 뜻을 불태우던 묘당이다. 그런데 이 정충묘는
한편 베이징의 전통연예계 인사들의 회합 장소이기도 하였다. 거기에
는 베이징희곡예인협회(北京戲曲藝人行會)라는 조직이 있었는데, 몇 명의

---

23 선농단은 옛날에 천자가 이른 봄 나라의 농사가 잘 되기를 빌던 곳. 텐차오의 남쪽, 天壇의 서
쪽, 도연정공원(陶然亭公園)의 동쪽에 자리잡고 있다.

묘수(廟首, 또는 會首)가 그 조직을 이끌었고 그것은 조정의 승인을 받아야 하는 반관(半官)적인 자리였다. 배우들 사이의 다툼이나 연예계의 중대한 문제 같은 것이 생기면 '묘수'는 여러 희반이나 연예단체의 대표자들을 불러 문제를 해결하였다 한다. 매년 8월 하순이 되면 연예계의 저명인사들은 모두 이 정충묘로 달려와 목욕을 하고 옷을 갈아입은 다음 9월 초하루부터 9일에 이르기까지 이 묘 안에서 구황재(九皇齋)라는 의식을 거행하고 소식(素食)을 먹으면서 자기 전문 연극이나 연예를 공연하였다 한다. 그리고 정충묘에 모셔져 있는 중국 전통연극의 조사(祖師) 영감인 노랑신(老郎神) 당(唐)나라 현종(玄宗)의 신상(神像)과 악비의 신상에 향을 피우며 배례를 하였다 한다. 그런데 건륭(乾隆) 55년(1790) 황제 80세 생일 때 베이징으로 들어온 안후이(安徽)의 극단인 삼경반(三慶班)에서 활약한 명배우 고랑정(高朗亭), 함풍(咸豊) 연간(1851-1861)에 경극의 삼대가(三大家)라 칭송받은 제1대 명배우 중의 한 사람인 정장경(程長庚, 1811-1880) 등이 모두 여러 해 이 정충묘에서 '묘수'로 활약하였다니, 톈차오 지역의 연예 분위기는 경극의 형성과 발전에도 크게 기여했을 것임을 짐작하게 된다. 한 곳의 영향이 이 정도이니 이 근처의 '묘회'도 경극을 비롯한 민간연예의 전승·발전에 큰 공헌을 한 것은 틀림이 없다.

톈차오 지구의 특징

앞에서 이야기한 바와 같이 톈차오 지구는 다른 곳에 그러한 유례가 없을 정도로 지극히 가난하고 먹고 살기조차 어려운 아래 계층의 사람들이 모여 살던 지역이다.

그러나 거기에서는 중국의 전통연극인 경극(京劇)·평극(評劇) 등을 비롯하여 고사(鼓詞)·탄사(彈詞)에 속하는 여러 종류의 속강(俗講) 또는 만담의 일종인 상성(相聲)·인형놀이·그림자놀이 및 여러 가지 무술(武術)·잡기(雜技) 따위가 길거리 또는 허술한 찻집 같은 곳에서 연출되고 있었다. 특히 청나라 말엽(1850-1910)에서 중화인민공화국이 수립된 초기(1950)에 이르는 기간에는 여기에 3대(代)에 걸쳐 팔대괴인(八大怪人)이라고 불리던 예능에 뛰어난 사람들이 이 지구에서 활약하여 대단한 인기를 끌었고, 이들 이외에도 언제나 5, 6백 명에 이르는 수많은 연극배우와 연예인들이 모여들어 자기 재주에 따라 공연을 하면서 가난한 사람들과 어울려 가난한 삶을 함께 하였다.

많은 예인들이 길거리에서 공연을 하기도 하였지만, 청나라 말엽부터 통나무와 거적을 얽어 만든 매우 초라한 차도 팔고 연극과 연예도 공연하는 차붕(茶棚) 또는 차관(茶館)이라 불리는 극장이 들어섰다. 그러나 중화민국 시대로 들어와 1912년에 경극의 명배우 위즌팅(兪振庭)이 재목을 얽어 세운 것이기는 하나 규모가 큰 진화대희붕(振華大戱棚)을 세우고 극단인 희반(戱班)도 조직하여 공연에 들어가자 대성황을 이루었다. 이 뒤로 규모가 큰 극장이 연달아 생겨나기 시작하여 이 고장의 연극 연예 공연이 매우 활발해졌다. 그리고 그들은 자기 지역에서만 활동한 것이 아니라 가까운 지역의 수많은 신묘에서 묘회가 벌어질 때면 그 모임에 적극적으로 참가하여 자기의 뛰어난 연기를 발휘하여 다른 지역 사람들과도 즐겼다. 이것은 그들의 연예가 전국에 영향을 끼치는 데에 크게 공헌하였다.

이에 따라 톈차오 지구에는 연극배우와 예인들의 조직도 생겨나고 여러 극단도 만들어졌다. 이렇게 하여 지극히 가난한 빈민가에 사는 사람들이었지만 그들의 전통적인 공연문화의 계승·발전자가 되었다. 그들은 굶주리고 가난하였지만 당당히 살았다고 할 수 있다.

톈차오 지구의 특징은 다음과 같은 몇 가지로 요약할 수 있을 것이다.

첫째, 그들은 먹고 살기도 힘들 정도로 찢어지게 가난하지만 자기네 문화를 갖고 있으며 또 그것을 발전시켰다. 따라서 중국이란 나라는 그 나라 사회의 하부 계층이 안정되어 있고 튼튼하여 나라까지도 탄탄하다.

둘째, 그들은 가난하면서도 자신의 연극이나 연예를 가꾸면서 모두가 어울려 함께 즐기고 있다. 따라서 찢어지게 가난하면서도 행복하였다.

셋째, 그들에게는 가까이에 신묘가 있어 신을 제사지내는 의식과 함께 자기네 전통연극과 연예를 공연하여 신을 즐겁게 해주면서 자기들도 함께 즐기고 모두 다 같이 어울리고 있다. 따라서 그들은 자연스럽게 자기네 전통문화를 밖으로도 보급하고 또 계승·발전시키며 공동체 의식을 갖게 되었다.

넷째, 문인이나 화가 등 지식인들도 가난한 사람들의 생활과 문화에 관심을 갖고 접근하여 그들과 함께 즐기고 있다. 이는 무식한 그곳 사람들에게 큰 힘이 되어 주었을 것이다. 그렇게 함으로써 하부 계층 사람들이 즐기는 전통연극이나 연예를 위의 지배계층까지도 좋아하고 받아들이는 위대한 대중문화로 발전시켰다.

중국인 스스로도 "톈차오는 베이징의 여러 가지 민간예술의 발상지이다. 톈차오는 베이징의 수많은 민간예인의 요람이기도 하다."고 말하고 있다.[24] 톈차오와 같은 글 모르는 문맹이 대부분인 가난한 백성들이 이렇게 문화적인 생활을 하면서 모두가 함께 즐기면서 화합을 이루었기 때문에 중국이란 나라는 계속 커지고 있고 강한 것이다.

---

24 成善卿 『天橋史話』(北京 三聯書店 발행, 1990) 第四章 民間藝人的搖籃.

3
중국의 거지들과 장타령

당나라 원결(元結)의 「거지론(丐論)」

당(唐)대의 시인 원결(719-772)에게는 「거지론」이라는 글이 있다. 원결에게는 가깝게 사귀는 거지 친구가 한 명 있었는데, 많은 사람들이 사대부(士大夫)가 거지와 벗하고 있는 것을 흉보자 그는 거지 친구를 사귀고 있는 까닭을 설명하기 위하여 이 글을 쓴 것이다. 그는 먼저 사람이란 군자를 벗하여야 하는데, 자기가 거지와 벗하고 있는 것은 거지가 바로 군자이기 때문이라고 말하고 있다.

그리고는 뒤이어 거지가 "지금 사회에서의 군자"인 까닭을 그는 다시 다음과 같은 요지로 설명하고 있다.

지금 세상을 보면 옷과 밥을 구걸하는 거지들보다도 더 치사한 진짜 거지들이 수두룩하다. 세상에는 남에게 예속(隸屬)되기를 구걸하는 거지들이 있고, 남에게 혼인해 주기를 구걸하는 거지들도 있으며, 남에게 명예와 지위를 구걸하는 거지들도 있고, 남의 눈치를 살피면서 구걸하는 거지들도 있다. 심지어는 권력자의 하인의 입을 구걸하여 그릇된 욕심을 채우려는 자들도 있고, 권력자의 하녀의 얼굴을 구걸하여 아첨을 해보려는 자들도 있다…… 내 친구의 구걸은 남이 버리려는 옷을 구걸하고, 남이 버리려는 음식을 구걸하는 것이다. 바가지를 들고 지팡이에 의지하여 길가에서 지내는 것은 천하 사람들과 같은 부류의 사람이 되고자 하기 때문이다…… 옷과 음식을 구걸하는 것은 가난하기 때문이다. 가난해서 구걸하는지라 마음에 부끄러울 것이 없고, 행적은 남들과 같아서 다를 바가 없음을 보여 주고 있다. 이것은 군자의 도(道)인 것이다.

　　원결은 이 글에서 더 많은 그때 사회의 거지만도 못한 치사한 자들의 보기를 실례로 들고 있다. 그와 같이 따지고 보면 이 세상에는 밥을 빌어먹는 거지보다도 더 치사한 거지들이 많은 것도 사실이다.

　　『맹자(孟子)』이루(離婁) 하(下)편에는 제(齊)나라의 아내와 첩을 거느린 한 집안의 남편 이야기가 보인다. 그는 날마다 밖에 나갔다가 집으로 돌아와서는 늘 아내와 첩에게 "오늘도 한 높은 관리와 부자를 만나 술과 고기 대접을 잘 받았다."고 뽐내었다 한다. 이를 수상하게 여긴 아내가 하루는 몰래 남편이 어디에 돌아다니는지 알기 위하여 남편의 뒤를 밟아 보았다. 그 남편은 집을 나가서는 바로 남들이 무덤에서 제사를 지내거나 장례를 치르는 자리를 찾아다니며 술과 고기를 얻어먹고 다니는 것이었다. 남편의 실상을 직접 눈으로 본 그의 아내는 집으로 돌아와 첩에게 자기가 확인한 내용을 이야기하고는 "하늘 같아야 할 남편이 이 꼴이니 어찌해야 좋으냐?"고 하며, 첩과 손을 마주잡고 둘이 함께 통곡을 하였다. 그러나 그 남편은 그러한 사실도 모르고 그날도 집으로 돌아와서는 여전히 높은 관리와 부자를 만나 잘 놀았다고 큰 소리를 쳤다 한다. 맹자는 이 이야기 끝에 다음과 같이 반문하는 말로 이 글을 매듭짓고 있다.

세상의 부귀와 출세를 추구하는 사람들의 행동이 실제로 그의 아내와 첩이 알면 부끄러워 통곡하지 않을 몸가짐을 갖는 자가 몇 명이나 되겠느냐?

맹자의 우화는 간결하지만 원결의 글보다도 풍자가 더욱 신랄하다. 지금도 남 보기에는 출세한 듯이 목에 힘을 주고 다니지만 실제로는 그의 몸가짐을 처자들이 알면 통곡할 짓을 하고 있는 자들이 많을 것이다. 이들에 비하면 밥을 빌어먹는 거지가 훨씬 더 군자답게 보일런지도 모를 일이다.

이런 옛날 기록을 인용한 것은 중국 사회에서는 거지들이나 구걸하는 짓이 크게 천하게 여겨지지 않았음을 알리기 위해서이다.

중국 역사상 유명한 거지들

중국의 전적을 보면 거지 짓을 했던 사람들 중에도 뛰어난 인물들이 많다. 춘추(春秋)시대(B.C. 722-B.C. 481) 초(楚)나라의 오자서(伍子胥)는 자기 아버지의 원수를 갚으려고 나라를 도망쳐 나와 오왕(吳王) 합려(閤閭)에게 발견되어 크게 활약하기 이전까지 소(簫)를 불면서 구걸하고 다녔다.[1] 중국 역대의 신선들 그림을 보아도 그 모습이 거지 행색에 가까운 분들이 많다. 한나라 때의 양웅(揚雄, B.C. 53-A.D. 18)은 「축빈부(逐貧賦)」에서 거지들과 이웃하며 가난하게 사는 자기 생활을 자랑삼아 쓰고 있다. 그러니 중국에서는 거지들이 무조건 멸시당하지 않았음을 알 수 있다.

『논어』를 보면 공자가 "현명한 사람은 세상을 피하고, 그 다음의 사람은 지역을 피한다."[2] 또 "천하에 올바른 도가 행해지고 있을 적엔 나가서 일하고, 도가 행해지고 있지 않으면 숨는 것이다."[3]라고 가르치고 있다. 그런데 실상 도가 제대로 행해지고 있는 세상은 거의 없으므로 공자는 세상에 나가 일하는 것보다는 숨어 사는 것이 올바른 길이라고 가르치고 있는 셈이다. 따라서 산속에 숨어서 명철보신(明哲保身)하는 지식인들이 많았는데[4], 선비가 숨어 살자면 결국은 거지 행색이 되는 수밖에 없는 것이다.

도가의 대표적인 사상가이며 철학자인 장자(莊子, B.C. 365-B.C. 270)의

---

1 『史記』范雎列傳.
2 "賢者避世, 其次避地."-憲問 편.
3 "天下有道則見, 無道則隱."-泰伯 편.
4 堯舜시대의 許由·巢父, 周文王 때의 姜太公, 周武王 때의 伯夷·叔齊 등 이루 열거할 수가 없을 정도로 많다.

저서인 『장자』 외물(外物)편을 보면 처자가 굶주리자 자기의 친구인 감하후(監河侯)를 찾아가 양식을 구걸했던 이야기가 다음과 같이 기록되어 있다.

장자는 집이 가난하여 감하후에게 곡식을 꾸러 갔다. 감하후가 말하였다.

"그럽시다. 내가 내 영지의 세금을 거둬들인 다음 선생에게 삼백 금을 빌려 드리도록 하겠습니다. 괜찮겠습니까?"

장자는 성이 나서 얼굴빛이 변하면서 말하였다.

"내가 어제 이곳을 오는데 도중에 나를 부르는 자가 있었습니다. 내가 돌아다보니 수레바퀴 자국 가운데 고인 물의 붕어였습니다. 내가 붕어에게 물었습니다. '붕어야, 너는 무얼 하고 있는 거냐?' 붕어가 대답했습니다. '저는 동해의 물결 속에 노닐던 놈입니다. 선생께서 한 말이나 몇 됫박의 물이 있거든 제게 부어 살려 주십시오.' 그러자 내가 대답했습니다. '그러지. 내 남쪽으로 가서 오나라와 월나라의 임금을 설복시켜 서강(西江)의 물을 끌어다가 너를 마중하도록 하겠다. 괜찮겠느냐?' 붕어는 성이 나서 얼굴빛이 변하면서 말했습니다. '저는 제가 늘 필요로 하는 물을 잃고 있어서 당장 몸 둘 곳이 없는 처지입니다. 저는 한 말이나 몇 됫박의 물만 있으면 사는 것입니다. 선생께서 말씀하시는 대로 하다가는 틀림없이 저를 건어물가게에 가서 찾아야만 하게 될 겁니다.'"[5]

정말 집안의 양식이 바닥나서 다급해진 철학자의 모습이 눈에 선하다. 철학자도 구걸하는 판이니 거지라고 크게 창피할 것도 없는 실정이다.

중국 문학사상 전원시인으로 유명한 도연명(陶淵明, 365~427)도 술이나 마시면서 시나 읊조리다 보니 집안에 식구들이 먹을 양식이 떨어지는 수밖에 없었다. 이 위대한 시인은 팽택령(彭澤令)이란 벼슬을 헌 신발짝처럼 내던지고 「귀거래사(歸去來辭)」를 읊조리며 전원으로 들어가 숨어 살았는데, 결국은 「걸식시(乞食詩)」를 읊어야 할 처지까지도 몰렸던 것이다. 그의 「걸식시」를 읽어보기로 한다.

> 굶주림이 나를 내몰았지만
> 어디로 가야 할지 알 수가 없구나.
> 가고 또 가다 어느 마을에 이르러
> 대문을 두드렸으나 말이 제대로 나오지 않네.
> 주인은 내 뜻 알아듣고 음식 내주니
> 어찌 헛걸음이라 하겠는가?
> 이야기하다 뜻 맞아 저녁때를 넘기고,
> 술 따라 주는 대로 잔 기울이네.
> 마음에 새 친구 얻은 기쁨 넘쳐
> 이를 마침내 시로 읊게 되었네.

---

5 莊周家貧. 故往貸粟於監河侯. 監河侯曰; 諾, 我將得邑金, 將貸子三百金, 可乎?
莊周忿然作色曰; 周昨來, 有中道而呼者. 周顧視. 車轍中有鮒魚焉. 周問之曰; 鮒魚來! 子何爲者邪?
對曰; 我東海之 波臣也. 君豈有斗升之水而活我哉. 周曰; 諾, 我且南遊吳越之王, 激西江之水而迎
子, 可乎? 鮒魚忿然作色曰; 吾失我 常與, 我無所處. 吾得斗升之水然活耳. 君乃言此, 曾不如早索我
於枯魚之肆.

빨래하던 아낙이 밥 먹여 준 것 같은 은혜 느끼나,
나는 한신(韓信) 같은 재주 없어 부끄럽네.
그대의 가슴 저린 후의를 어떻게 보답해야 할까?
저승에 가서라도 잊지 말고 갚아야지!

飢來驅我去, 不知竟何之.
行行至斯里, 叩門拙言辭.
主人解余意, 遺贈豈虛來?
談諧終日夕, 觴至輒傾杯.
情欣新知歡, 言詠遂賦詩.
感子漂母惠, 愧我非韓才.
銜戢知何謝, 冥報以相貽.

　전원시인으로 중국 문학사에 이름을 떨치고 있는 도연명이다. 한 고을의 수령 벼슬을 헌신짝처럼 내던지고 전원 속에 숨어 시와 술로 일생을 보낸 고결하기로 이름난 시인이다. 그러나 술이나 즐기며 시나 쓰다 보니 「걸식」이라는 시를 지을 만큼 생활이 어려울 수밖에 없었을 것이다. 시에 보이는 '한신'은 한나라 고조(高祖) 밑에서 천하를 통일하는 데 큰 공을 세운 장군이다. 시를 읽어보면 자기는 그래도 음식도 얻어먹고 술대접까지 받고 있지만 굶주리고 있을 집안의 처자는 어찌 되었을까? 도연명을 매우 좋아한 송(宋)나라 소식(蘇軾) 같은 이도 이 시를 읽고는 그의 굶주렸던 처지를 몹시 슬퍼하였다. 그가 팽택령이란 벼슬을 하기 전에 이미 집안에는 "작은 독 안에 남은 곡식도 없다(瓶無儲粟.)."고 스스로 말하고 있다(「歸去來辭」 서문). 그런데도 어렵게 얻은 벼슬을 내던지고 전원으로 돌아왔으니 그는 다시 처자들과 함께 굶주리는 수밖에 없었을 것이다. 결국은 거지 노릇도 하지 않을 수가 없었을 것이다.

더욱이 명나라 태조(太祖) 주원장(朱元璋, 1328-1398)은 젊었을 적에 거지 노릇을 한 일도 있다. 대사상가와 대시인도 거지 생활을 한 적이 있고, 심지어는 뒤에 황제가 된 거지도 있는 사회인데 중국 사람들이 거지를 어찌 얕잡아 볼 수가 있겠는가?

도사와 스님의 탁발(托鉢)

불교와 도교의 본격적인 신자가 되기 위하여 수도를 하려면 누구나 세상뿐만 아니라 처자식까지도 모두 버리고 집을 나와 홀로 도를 닦아야만 하였다. 따라서 스님과 도사들은 먹고 살기 위하여 목탁을 두드리고 경문을 외면서 여러 집을 찾아다니며 구걸하는 수밖에 없었다. 스님의 이런 행위를 탁발(托鉢)이라 하는데 실상은 걸식을 하는 거지 생활이었다.

유가에서조차도 공자는 "천하에 올바른 도가 행해지고 있으면 나가서 일하고 올바른 도가 없으면 곧 숨어 살라(天下有道則見, 無道則隱.)."[6]고 가르치고 있다. 그런데 숨어 산다는 것도 거지 짓을 하거나 거지 노릇이 싫으면 굶어 죽는 수밖에 없다. 주(周)나라 무왕이 무력으로 은나라를 점령했을 적(B.C. 1027)에 두 임금은 섬길 수는 없다고 수양산(首陽山) 속

---

6 『論語』 泰伯.

으로 들어가 숨어 살면서 고사리를 뜯어먹고 지내다가 굶어죽은 백이(伯夷)와 숙제(叔齊)라는 형제들을 중국에서는 깨끗한 인물로 높이 평가하고 있다.

불교의 스님이나 도교의 도사들은 구걸을 할 적에 남의 집 앞에 가서 자기가 왔다는 것을 알리기 위하여 경(經)을 외우는 것이 원칙이었다. 그러나 경의 글은 보통 사람들이 알아듣기도 어렵고, 또 그것을 외는 것도 너무 지루하기만 한 일이었다. 이에 생각해낸 것이 경을 외는 대신 노래를 부르는 것이었다. 노래를 잘 부르면 많은 사람들을 끌어모을 수가 있고, 또 가사를 잘 짓기만 하면 쉽사리 일반사람들을 도교나 불교로 끌어들일 수가 있다. 그래서 스님과 도사들은 구걸을 할 적에 창(唱)을 흔히 하게 된 것이다. 그 결과 유명한 스님 중에는 적지 않은 명창(名唱)들도 나오게 되었다. 그리고 많은 중국의 불교 사원이 중국 전통연예의 공연장으로 발전하기도 하였다.[7]

이리하여 불교의 스님들이 탁발을 하면서 발전시킨 가장 대표적인 노래가 '연화락(蓮花落)'이라는 가락이었고, 도사들이 발전시킨 대표적인 노래가 '도정(道情)'이라는 가락이었다. 한편 스님과 도사들은 거지들과 남의 집을 찾아가 밥을 빌어먹는 것과 같은 일을 하였으므로 자연히 거지들과 동료처럼 친해졌다. 이에 스님과 도사들은 재능이 있는 거지들에게 구걸을 하면서 창을 하도록 가르쳐주었다. 따라서 중국 거지들의 장타령은 본시 불교와 도교에서 나온 것으로 '연화락'과 '도정'이 그 대표적인 것이었다. 이렇게 하여 중국의 스님과 도사들은 거지들을 통

---

7 北魏 楊衒之 『洛陽伽藍記』.

하여 중국의 가난한 백성들이 즐기는 민간연예의 한 가지를 발전케 하였다. 이 '연화락'과 '도정'의 내용에 대하여는 다음 절에서 좀 더 상세히 논의될 것이다.

중국의 민간에서는 거지와 스님 도사의 관계 때문인지는 몰라도 신(神)으로 받들어 모시는 사람 중에는 거지 행색의 사람들도 있다. 보기로 지금 중국 민간에 연출되고 있는 탈놀이의 경우[8]를 들기로 한다. 이 탈놀이에 등장하는 신(神) 가운데에는 이룡(李龍)이 있는데 차림새가 팔뚝을 내놓고 도롱이를 입고 지팡이를 짚은 거지 행색이다. 그는 본시 구걸을 하던 거지였는데 뒤에 상제(上帝)께서 사람들의 재난과 역병을 구해주는 신으로 임명하셨다 한다. 그는 사람들의 재난과 역병 같은 어려운 처지를 면하도록 해주기 때문에 사람들로부터 받들어 모셔지게 되었다 한다. 이룡이 주인공으로 등장하는 「이룡신왕(李龍神王)」이란 탈놀이도 있다. 이처럼 중국의 거지는 스님과 도사들과 관계가 밀접한 위에, 거지 자체가 신이 되기도 하고 그 신은 여전히 거지 복장을 하고 있기 때문에 사람들은 거지를 가벼이 여길 수가 없는 것이다.

거지들의 장타령 '연화락'과 '도정'

중국의 거지들 중에는 구걸만 하면서 지내는 것이 아니라 뛰어난 창의 연기를 통하여 사람들을 즐겁게 해주고 민간연예를 발전시키는 역할

---

8 貴州省 銅仁 등지에서 행해지고 있는 탈놀이의 일종인 儺堂戱.

도 한 이들이 있었다. 『열자(列子)』에는 노래를 잘하여 '노랫소리가 집 들보에 사흘 동안이나 서리고 있었다.'는 뜻의 요량삼일(繞梁三日)이란 고사성어를 후세에 전해지도록 한 한아(韓娥)라는 거지 이야기가 보인다.[9]

한아가 제(齊)나라로 가서 마침 어느 여관을 찾아가 구걸을 했는데, 여관에 있던 사람들이 먹을 것은 주지 않고 한아를 괴롭히기만 하였다. 그러자 한아는 목소리를 길게 뽑으며 슬픈 가락의 노래를 하면서 떠나 갔는데, 한아의 노랫소리가 집 들보에 서리고 있어서 그곳에서 십리 안에 있는 늙은이나 젊은이 모두가 노래 소리에 감동되어 슬퍼하면서 눈물을 흘리며 사흘이 지나도 음식도 먹지 않고 서로 마주 보고 지내게 되었다 한다. 이에 급히 사람들을 보내어 한아를 뒤좇아 가 모셔다가 대접을 잘 하자 다시 다른 곡조의 노래를 불렀는데, 이번에는 모든 사람들이 기뻐 날뛰면서 손뼉을 치고 춤을 추었다 한다. 한아가 아니라도 중국 거지들은 옛날부터 구걸을 할 적에 장타령을 불렀는데 이 장타령은 곡조며 가사가 상당히 격이 높은 것이어서 거지의 장타령은 일찍부터 민간연예로 전문가들을 통하여 발돋음하였다. 앞에서 이미 이야기한 것처럼 중국의 거지들이 동냥할 때 부르던 대표적인 장타령인 연화락(蓮花落)은 불교에서 나온 것이고, 도정(道情)은 도교에서 나온 것이다. 그리고 구걸을 하는 것 자체가 도를 닦거나 수양을 하는 방법이 될 수 있다고도 믿었기 때문에 장타령은 처음부터 사람들로부터 경시되는 일이 없었다.

따라서 '연화락'과 '도정'은 곧 전문 연예인들도 좋아하게 되어 소설과

---

9 『列子』湯問 편.

연극에 수없이 인용되고 있다. 원대의 잡극(雜劇)인 장국빈(張國賓, 1279 전후)의 『합한삼(合汗衫)』 제1절, 정정옥(鄭廷玉, 1251 전후)의 『인자기(忍字記)』 설자(楔子), 명대 작가 주유돈(朱有燉, 1379-1439)의 『곡강지(曲江池)』 제4절, 전기인 서림(徐霖, 1462-1538)의 『수유기(繡襦記)』 제31척 등에는 그 연극의 등장인물인 거지가 부르는 연화락의 가사가 실려 있다. 원대의 잡극인 마치원(馬致遠, 1251 전후)의 『악양루(岳陽樓)』 제4절, 범강(范康, 1294 전후)의 『죽엽주(竹葉舟)』 제4절, 명대 소설 『금병매사화(金瓶梅詞話)』 64회, 진여형(陳汝衡) 교정 『신정고거진실상자전전(新訂考據眞實湘子全傳)』 등에는 그 작품의 등장인물이 부르는 '도정'의 가사가 인용되어 있다.

명대 서림의 『수유기』는 소설인 『이와전(李娃傳)』의 이야기를 연극으로 만든 것인데, 제31척 유호랑한(襦護郎寒)에서는 주인공이 형편없는 신세가 되어 밥을 빌어먹으려고 여러 거지들과 함께 등장하여 다음과 같은 '연화락'을 한 곡 부른다. 아마도 그 시대 거지들이 부르던 것에 가까운 것이라 여겨져 아래에 보기로 인용한다.

한 해가 지나자마자
어느덧 또 한 해의 봄.
닐리리 연화,
닐리리 연화락일세.

작은 거지는 이미 동악(東嶽) 서묘(西廟)로 가서
영험한 신에게 복을 빌고 왔네.
하하하! 연화락일세.

작은 거지는 요추(搖槌)와 상판(象板)을
몸에서 떼어놓는 법이 없네.
닐리리 연화,
닐리리 연화락일세.

징소리 딩딩
북소리 둥둥
딱따기 소리 딱딱
피리소리 비비비,
휘리휘리 휘휘리 휘리휘.

작은 거지는 일찍 정양문(正陽門) 앞에서
한바탕 놀아 보았다네.
하하하! 연화락일세.

저 버드나무 그늘 밑을 볼라치면
향기로운 수레에 좋은 말 몰고
화려한 장식 달고서
빈틈없이 많이 나와
시끄럽게 구는 것들,
모두가 예쁜 여자들일세.
닐리리 연화,
닐리리! 연화락일세.

또 저들 부자 행세 보아하니
거친 들판에다
술잔과 제물 벌여놓고
종이돈 찢어발기며
모두가 새 무덤에 성묘하고 있네.
하하하! 연화락일세.

一年纔過, 不覺又是一年春,
哩哩蓮花, 哩哩蓮花落也.

小乞兒也曾到東嶽西嶽裏賽靈神,
哈哈蓮花落也.

小乞兒搖槌象板不離身,
哩哩蓮花, 哩哩蓮花落也.

只聽鑼兒鍚鍚, 鼓兒鼕鼕,
板兒喳喳, 笛兒支支支,
夥里夥里夥夥里夥里夥.

小乞兒便也曾鬧過了正陽門,
哈哈蓮花落也.

只見那柳陰之下, 香車寶馬,

高挑着鬧竿兒, 挨挨拶拶,

哭哭啼啼, 都是女妖嬈,

哩哩蓮花, 哩哩蓮花落也.

又見那財主每,

荒郊野外, 擺着杯盤,

列着紙錢, 都去上新墳,

哈哈蓮花落也.

셋째 곡에 보인 '요추'와 '상판'은 거지들이 '연화락'을 창할 적에 쓰던 딱따기 같은 간단한 타악기이다. 이 뒤로 역시 여름·가을·겨울에 관한 연화락이 이어지는데, 형식이 모두 이와 완전히 같다. 가사 내용으로 보아 이것은 거지들이 지금 각지에서 노래 부르고 있는 것들에 매우 가깝다고 여겨지는 것이다.[10]

특히 '도정'은 일찍부터 시인들이 좋아한 듯 적지 않은 사람들이 도정시(道情詩)나 도정게(道情偈)를 짓고 있다. 당대 백거이(白居易, 772-846)에게는 「세모도정(歲暮道情)」 두 수가 있고, 왕범지(王梵志, 590?-660?)에게도 「도정시」가 있으며, 관휴(貫休, 832-912)의 『선월집(禪月集)』에는 「도정게」가 권5에 1수, 권19에 3수 실려 있고, 둔황 문권(敦煌文卷) 속에도 「도정시」가 있다(p. 5648). 특히 청대의 왕부지(王夫之, 1619-1692)의 「우고사

---

10 倪鍾之 『中國曲藝史』 第五章 曲藝的穩定與變化 참조.

필자가 쓰촨(四川) 즈퉁(梓潼)으로 가는 도중 칠곡산(七曲山) 문창대군묘(文昌大君廟)에서 만난 중국의 장타령 도정(道情)을 창하던 거지 마명인(馬鳴人). 그가 들고 있는 긴 흰 통이 어고(魚鼓)이고 대쪽이 박판(拍板)이다.

(愚鼓詞)」 27수[11]와 정섭(鄭燮, 1691-1764)의 「도정」 10수가 유명하다.

　청 말엽에 나온 문강(文康, 1860 전후)의 소설 『아녀영웅전(兒女英雄傳)』 제38회에는 거지 행색의 도사가 '도정'을 부르는 대목이 보인다. 한 남포(藍布) 도포(道袍)에 종려(棕櫚)나무 잎으로 만든 도립(道笠)을 쓴 거지 모습의 도사가 왼팔엔 어고(漁鼓)를 매달고 손에는 간판(簡板)을 들고 오른손으로는 북을 치면서 도정을 창한다. 먼저 "비단 같은 세월은 물처럼 흘러가고(錦樣年華水樣過)"라는 구절로 시작되는 칠언사구(七言四句)의 시

11　거지들이 道情을 부를 적에는 반주 악기로 愚鼓라는 통이 긴 북을 써서 節拍하였다. 漁鼓라고도 하였다. 따라서 「愚鼓詞」는 道情詩의 별칭이다.

를 읊고, 「오직 이렇게 될 수밖에 없었으니, 달리 어찌할 수가 없었다(只得如此, 無可奈何)」는 제목의 도정을 창하여 '사람들의 어리석음을 깨우쳐 주고 번뇌를 없애 주겠다.'는 뜻의 대사를 한다. 그리고는 이어서 12곡의 도정을 창하는데, 그 첫 곡만을 다음에 인용하기로 한다.

북소리 둥둥 울리기 시작하여
창이 시작될 것이니,
떠들지 말고
자세히 들어 보소.
사람 사는 이 세상 모두가 꿈같은 것,
봄꽃도 피고 가을달도 찼다가는 사라지고,
변화무쌍한 세상일의 변화 속에
아지랑이 아롱거리듯 모든 것들 그대로 있지 않네.
몇 마디 형편없는 이야기 창하는 것을
저녁 북소리나 아침 종소리라 여기고 들어 보소.

鼓逢逢, 第一聲.
莫爭喧, 仔細聽.
人生世上渾如夢, 春花秋月銷磨盡,
蒼狗白雲變態中, 遊絲萬丈飄無定.
謅幾句盲詞瞎話, 當作他暮鼓晨鐘.

이어 10곡의 창과 끝머리 1곡의 미성(尾聲)을 노래하는데, 이를 들은 사람들은 제각기 마음 내키는 대로 도사에게 돈을 내주고 흩어진다.

중국의 거지들 장타령은 일찍부터 지식인들도 좋아하였기 때문에 '연화락'과 '도정'은 지금도 중국 각지에서 널리 유행하고 있다. 그 형식도 단순한 노래인 청창(淸唱)뿐만이 아니라 역사적 사실이나 전설을 '연화락'이나 '도정'의 가락으로 창하는 우리의 판소리 같은 서사적인 것과 생(生: 남자 배역)·단(旦: 여자 배역)·정(淨: 난폭하고 간사한 배역)·축(丑: 어릿광대 역)[12] 같은 서너 명의 연기자가 함께 어울려 이야기를 연출하는 간단한 연극 형식의 것들 등 여러 가지 모양의 것이 유행하고 있다. 이는 중국 민간연예의 일반적인 연출 형식에서의 특징이라 할 수 있다. 예를 들면 중국 각지에 유행하고 있는 모내기 노래인 「앙가(秧歌)」도 본시는 노동요에서 시작된 것이지만 다시 여러 지역에 따라 한 두 사람의 공연자가 창을 섞어가면서 이야기를 연출하는 서사적인 형식의 것으로도 발전하고 다시 몇 사람이 함께 공연하는 연극 형식의 것으로도 발전하고 있다.

이처럼 중국에서는 가난한 백성만이 아니라 거지들까지도 그들의 민간연예 발전에 직접 참여하며 크게 기여하고 있는 것이다.

맺는 말

중국에서는 거지가 그다지 천대받지 않고 거지를 군자라고 부르는 지식인까지도 있었다. 그리고 학자나 문인 중에도 거지 노릇을 한 사람

---

12 生·旦·淨·丑은 중국 고전 연극에 등장하는 기본 脚色이다.

들이 있고, 스님과 도사들도 거지에 가까운 모습으로 도를 닦는다. 명나라 태조처럼 거지 노릇을 하다가 황제까지 된 사람도 있다. 물론 중국의 거지 중에도 형편없는 가련한 사람들이 적지 않을 것이다. 다만 많은 거지들이 밥도 제대로 먹기 어려운 처지인데도 구걸할 적에 부르는 장타령을 통하여 구걸을 즐기는 한편 자기들의 전통연예를 발전시키는 데 기여하고 있는 것이다.

거지들의 장타령은 앞에서 살펴본 것처럼 그들의 대표적인 '연화락'과 '도정'만을 보더라도 단순한 '창'에만 그치지 않고 여러 가지 이야기를 그 가락으로 창하는 서사적인 설창 형식으로도 발전하고, 또 간단한 연극 형식으로도 발전하였기 때문에 거지들의 장타령이 중국 전통 민간연예를 발전시키는 데 끼친 공로는 매우 크다.

그렇게 될 수 있었던 것은 많은 종교인과 지식인들이 직접 거지 세계에 함께 참여하여 그들의 문화를 뒷받침해 주고, 전문 연예인들도 바로 거지들의 장타령을 그들의 공연 종목으로 삼았기 때문이다. 먹을 것이 없는 거지들도 그 사회에서는 자신들의 연예를 이용하여 구걸도 하였지만 어느 정도 즐기는 생활을 하면서 지식인들과도 함께 할 수 있었기 때문에 그 사회의 일원으로 다른 사람들과 어울려 살아갈 수가 있었을 것이다.

4

중국의 서민들과 묘회(廟會) –
일본의 '마쓰리(祭り)'를 함께 둘러보면서

'묘회'란 어떤 것이며 또 왜 '마쓰리'를 함께 논하는가?

'묘회(廟會)'란 본시 중국에서 여러 가지 신을 모시는 신묘(神廟)를 중심으로 사람들이 모여 자기네가 모시는 신에게 제사를 지내고 그 신을 즐겁게 해드린다는 명목으로 여러 가지 연예를 연출하면서 자신들도 함께 어울려 즐기는 축제를 말한다. 중국에서는 전국의 거의 모든 마을마다 있는 사원(寺院)이나 신묘(神廟)에서 신에게 제사를 드릴 적에 연극과 함께 여러 가지 잡희를 즐긴다. 이러한 민간의 제사활동을 묘회(廟會) 또는 영신새회(迎神賽會)라 하고 여기에서 공연되는 연희를 묘희(廟戲) 또는 새희(賽戲)라 한다. 곧 묘회는 중국에서 행해지는 중국식의 'Carnival'이라고 할 수가 있는 것이다. 농촌에서는 땅의 신을 모시는 신

묘회(廟會)에서 여러 가지 잡기(雜技)를 연출하는 행렬(行列) 모습.

묘로 사(社)도 적지 않게 있어서 거기에서 제사활동으로 연출되던 연예를 사화(社火) 또는 사희(社戲)라고도 불렸다. 실은 '사희'가 '묘희'보다 역사적으로는 앞서는 것인지도 모르지만 도시 지역을 중심으로 하여 '묘희'가 행해지는 지역이 더 많은 것 같아서 '묘희'로 '사희'까지도 한데 뭉뚱그려 얘기하게 되었다.

중국의 사원이나 신묘에는 한 종류의 신이 아니라 여러 가지 잡신들이 함께 모셔져 있다. 예를 들어 베이징시 하이뎬취(海淀區)와 창핑셴(昌平縣) 및 먼터우꺼우취(門頭溝區) 경계에 있는 묘봉산(妙峰山)의 낭낭묘(娘娘廟)를 보면 주신으로 도교의 벽하원군(碧霞元君)과 그 가족들이 모셔져 있고 또 불교의 관음보살·지장보살(地藏菩薩)과 민속신인 약왕(藥王)·재신(財神)·월로(月老)·희신(喜神) 등이 모셔져 있다. 이처럼 한 신묘라 하더라도 여러 종류의 신을 모시고 있기 때문에 모시고 있는 여러 신의 탄생일 같은 것을 기념하는 날이 각각 달라서 연중에도 신묘마다 여러 번 축제인 제사활동을 벌이게 된다. 그리고 한 신묘에 모시는 신이 많고 복잡하기 때문에 제사활동도 자연 복잡할 수밖에 없다. 그리고 이러한 '묘회'를 통해서 중국의 백성들은 함께 어울려 즐기는 한편 옛날의 조상들이 즐기던 민간의 전통연예를 자연스럽게 계승·발전시키고 있다.

일본 학자 다나카 잇세이(田仲一成) 교수는 일찍부터 중국 농촌을 비롯한 여러 곳의 신묘에서 행해지는 제사의식(祭祀儀式)과 제사 희극을 직접 답사하면서 조사·연구하여 『중국의 종족과 연극』[1]을 비롯하여 『중국 제사연극 연구(中國祭祀演劇硏究)』·『중국 향촌제사 연구(中國鄕村祭祀硏究)』·『중국 무계연극 연구(中國巫系演劇硏究)』[2] 등의 저술과 함께 이를 근거로 새로운 관점의 『중국 연극사(中國演劇史)』[3]를 쓰고 있어 독특한 업적으로 크게 평가받고 있다.

---

1 田仲一成는 東京大學 名譽敎授이며, 日本 學士院 會員임. 『中國の宗族と演劇』-華南宗族社會における祭祀組織·儀禮および演劇の相關構造-(東京大學東洋文化硏究所 報告, 1985). 錢杭·任余白 譯 田仲一成 著『中國的宗族與戲劇』(上海古籍出版社, 1992).
2 이상 東京大學出版會 刊.
3 東京大學出版會, 1998.

일본 후쿠오카(福岡)에서 펼쳐진 마쓰리 장면.

　일본에도 각지에 있는 신사(神社)를 중심으로 '마쓰리'가 행해지고 있다. 일본말 '마쓰리'는 제사의 뜻이다. 거기에서 제사지내고 받드는 신은 중국 못지않게 종류가 무척 많다. 따라서 거기에서 연출되고 있는 민속예능은 '가구라(神樂)' 같은 것이 중심을 이루지만 그 종류가 엄청나게 많다. 이러한 '마쓰리'는 중국의 '묘회'와 서로 비슷한 점이 많다. 두 나라 모두 마치 동양의 카니발이라 할 수 있는 성격의 '묘회'와 '마쓰리'로 옛날부터 지금까지 그들의 전통이 이어져 오고 있다.

　그런데 유독 우리나라에는 이러한 축제가 전해 오지 않고 있다. 옛날에는 마을마다 성황당(城隍堂)이 있었고 성황제가 행해졌던 것을 보면 우리나라에도 그런 종류의 축제가 있었을 것이다. 그러나 조선시대에 들어와서는 우리 학문과 사회를 주자학(朱子學)이 지배해 온 때문에 그러한 풍습이 차차 자취를 감추게 되었을 것이다. 지금 와서 전국 각지에서 새로운 축제를 시작하고 있지만 아직 완전히 우리 모두의 것으로 만들어진 것은 없다고 할 수 있다. 우리에게만 우리의 민간 전통연예를 전승·발전시키며 모든 백성이 한데 어울려 즐기는 축제가 없다는 것은 무척 아쉬운 일의 하나이다.

중국 '묘회'의 발전과 현황

중국에는 이러한 '묘회'가 행해지는 '신묘'는 이미 송(宋)나라 때에 널리 보편화되어 있었다. 오자목(吳自牧, 1270 전후)의 『몽량록(夢梁錄)』 권14에는 사제(祠祭)·산천신(山川神)·충절사(忠節祠)·사현사(仕賢祠)·고신사(古神祠) 등 8개 조목의 기록에 도합 80여 개의 신묘 이름이 보이는데, 이들 신묘는 또 그 아래에 대부분이 여러 곳의 행궁(行宮)을 거느리고 있어서 '묘회'가 행해진 신묘의 전체 수는 수백 개가 된다. 맹원로(孟元老, 1126 전후)의 『동경몽화록(東京夢華錄)』 권8과 주밀(周密, 1232-1308)의 『무림구사(武林舊事)』 권3에는 이들 '묘회'에서 공연되던 음악과 춤·잡극(雜劇)·백희(百戱)의 여러 가지 모습이 기록되어 있다. 그리고 송대 이전에는 도교의 도관(道觀)과 불교의 사원이 중요한 민간연예의 연출 장소였음을 알려주는 기록이 있다.

원(元)나라·명(明)나라·청(淸)나라로 이어지면서 이러한 '묘회'는 더욱 발전한다. 그리고 날이 갈수록 그 시대에 유행한 연극이 '묘회'의 중

한(漢)대의 악무백희(樂舞百戲)를 하는 화상석(畵像石), 산둥(山東) 출토.

서한(西漢) 때의 백희를 공연하는 도합 21명으로 이루어진 흙 인형. 산둥(山東) 지난(濟南)시 무영산(無影山) 옛 묘에서 1964년 발굴하였음.

청(淸)대에 백희(百戲)를 공연하는 모습을 그린 그림.

심이 되었으므로 이 행사는 근세에 와서는 경극(京劇)과 각기 자기 지방의 지방희(地方戲) 및 민속연예의 발전에 크게 공헌하였다. 묘회에 관한 기록은 무수히 많다. 보기로 청나라 진굉모(陳宏謀)의 『배원당우존고(培遠堂偶存稿)』 문격(文檄) 권45의 기록을 인용한다.

군중이 모여 새회(賽會)를 하고 모여서 신에게 제사를 드리는 것은 농사를 그르치고 재물을 낭비하게 되므로 오랜 동안 위의 명령을 받들어 널리 행사를 삼가라고 권하여 왔다. 강남에서는 신령에게 아첨하며 귀신을 믿는 폐해가 매우 심각하다. 매번 신의 탄생일이라

하여 채색 등불을 밝히고 연극을 한다. 골동품이나 희귀한 물건들을 진열하기 위하여 십여 개의 탁자를 늘어놓고, 백희의 재주를 부리며 갖가지 노래를 번갈아가며 이어 부른다. 또 신묘 위에서 몸을 던지는 재주를 부리는데 그것을 집역(執役)이라 하며, 목에 칼과 쇠사슬을 두르고 하는 놀이를 사죄(枷罪)라고 한다. 신상(神像)을 메고 거리를 돌아다니고 향로, 정자, 깃발, 우산 등을 모두 아름답게 갖추어 놓고 누각 위에서 잡극을 하는 사람들은 치장을 하는 데 정성을 다한다. 오늘은 어떤 신이 나와 돌아다니고 내일은 어떤 신묘에 굉장한 묘회가 있다고 하면서 남녀가 몰려다니는데 수백 리 수십 리 안에 살고 있는 사람들 모두가 미친 것같이 보인다. 한 번 묘회를 하는 비용이 천금이나 되는데 일 년에 몇 번의 묘회가 열린다.[4]

우리나라 박지원(朴趾源, 1737-1805)의 『열하일기(熱河日記)』에도 청나라 건륭(乾隆) 45년(1780) 6월 24일 사절(使節) 일행에 끼어 압록강을 건너 베이징을 향해 가다가 7월 15일에 본 광경을 다음과 같이 쓰고 있다.

절이나 도관 및 묘당에는 마주보는 문 위에 반드시 한 개의 희대가 있는데 모두 일곱 개 또는 아홉 개의 들보가 얹혀져 있어서 높고 깊고 웅대함이 보통 점포 건물과는 비할 바가 아니었다. 이렇지 아

---

4 "聚衆賽會, 酬神結會, 誤農耗財, 久奉上諭, 廣行勸戒. 江南媚神信鬼, 錮蔽甚深. 每稱神誕, 燈彩演劇, 陳設古玩希有之物, 列桌十數張. 技巧百戲, 淸歌十番, 輪流疊進. 更有投身神廟, 名爲執役, 首戴枷鎖, 名爲枷罪. 擡神游市, 爐亭旗傘, 備極鮮姸, 擡閣雜劇, 極力裝扮. 今日某神出游, 明日某廟勝會, 男女奔赴 數十百里之內, 人人若狂. 一會之費, 動以千計, 一年之中, 常至數會."

니하면 깊이와 넓이가 만 명의 관중을 받아들이기 어렵기 때문이다. 걸상과 탁자와 의자나 안석 같은 좌석이 모두 천 개는 될 것 같고 색칠도 정교하고 사치스러웠다. 길가 천리 길에는 흔히 갈대 자리나 대자리를 깐 높은 누대(樓臺)를 누각(樓閣)이나 궁전 모양으로 만들어 놓았는데 만든 솜씨가 기와집보다도 훌륭하였다. 혹은 특별히 추석 날 공연에 쓰기도 하고 혹은 특별히 7월 보름에 쓰기 위한 것이다. 묘당(廟堂)이 없는 작은 마을에서는 반드시 정월 보름날이나 7월 보름날에 맞추어 이러한 대자리를 깐 누대를 세우고 여러 가지 연극과 놀이를 공연한다.[5]

묘회의 예를 하나 들어 보기로 한다. 왕슈엔(王叔岩)의 「미진산 낭낭묘회(迷眞山娘娘廟會)」[6]라는 글을 보면 이런 기록이 보인다. 랴오닝(遼寧) 랴오허(遼河) 하구에 가까운 곳에 있는 잉커우(營口) 다스차오(大石橋) 서남쪽에 미진산이 있는데, 그 산 위에는 청나라 태종(太宗) 천총(天聰) 9년(1635)에 세운 낭낭묘가 있다고 한다. 그 신묘가 세워진 뒤로 매년 4월 18일이 되면 묘회가 열리게 되었다 한다. 1905년 셴양(沈陽)에서 뤼다(旅大)로 통하는 남만철도(南滿鐵道)가 부설된 뒤로 묘회에 모여드는 사람들이 더욱 늘어, 3일 또는 5일 동안 진행되는 묘회에 보통 수만 명, 가장 많이 모인 경우에는 50여만 명에 이르는 사람들이 모였다 한다. 그리고

---

5 「戲臺」; 寺觀及廟堂, 對門必有一座戲臺, 皆架七梁, 或架九樑, 高深雄傑, 非店舍所比. 不若是, 深廣難容萬衆. 凳卓椅几, 凡係坐具, 動以千計. 丹艧精侈. 沿道千里, 往往設蘆簟爲高臺, 像樓閣宮殿之狀, 而結構之功, 更勝瓦甍. 或扁以仲秋慶賞, 或扁以中元佳節. 小小村坊無廟堂處, 則必稱上元中元設此簟臺, 以演諸戱.

6 『遼海鶴鳴』(遼寧省 文史研究館 編, 上海書店, 1994) 所載.

부근 농촌 사람들이 조직한 천길(天吉)·천선(天仙)·천덕(天德)·천태(天泰)·천성(天成)의 다섯 개 성회(聖會)가 참여하여 제사를 지낸 뒤에 제각기 자랑하는 장기인 여러 가지 민간연예 및 잡기와 연극을 공연한다고 한다. 서민들은 묘회가 열리면 연극과 여러 가지 민간연예의 공연을 미친 듯이 모여서 즐긴다고 한다.

중화민국 시대 베이징 시정(市政) 당국에 등기(登記)되었던 사관(寺觀) 수가 1925년에는 1631개 처, 1936년에는 1213개 처, 1947년에는 728개 처인데, 묘회가 행하여진 사관은 60개 처였다고 한다.[7] 여기에서 60개 처에 묘회가 행하여졌다고 한 것은 경극 같은 연극도 연출된 대대적인 묘회만을 셈한 것이다. 적어도 어떤 사원이나 신묘이건 간에 그 곳에서 모시고 있는 신의 특별한 기념일에는 반드시 제사를 지냈을 것이고 그 제사에는 규모의 크고 작은 차이는 있다 하더라도 언제나 묘회가 열렸을 것이다. 그리고 한 곳의 신묘에는 많게는 10여 종류의 신이 모셔져 있었고, 그곳에 모신 신의 생일 같은 날은 물론 또 그 밖의 정해진 날짜와 설 때에도 묘회를 열었으므로 거의 일 년 내내 쉴 새 없이 묘회가 계속된 셈이다. 이 밖에 명승지나 유원지 같은 신묘나 사원이 없는 곳에서도 빈 땅에 가설무대를 만들어놓고 묘회가 열렸다.

1949년 중화인민공화국이 수립되자 처음에는 사회주의 유물론 관점에서 신에게 제사를 지내는 것 같은 미신적인 행사를 금하고 오락적인 축제만을 허용했기 때문에 묘회가 전국적으로 크게 줄어들었다. 그러나 1980년대에 들어와서는 다시 묘회의 개최를 격려하기 시작하였다.

7 李鴻斌 『廟會』(北京地方志·風物圖志叢書, 北京出版社, 2005. 7) 의거.

1980년대 초에는 대관원(大觀園) 자리에 홍루묘회(紅樓廟會)를 개최케 하고, 1985년에는 지단묘회(地壇廟會), 1986년에는 용담묘회(龍潭廟會)를 개최케 하였다. 다시 1987년 이후로는 베이징의 묘회로 유명하였던 백운관(白雲觀)·동악묘(東岳廟)·광전(廣甸)·옹화궁(雍和宮)·대종사(大鐘寺) 등의 묘회를 되살리게 하였다. 1994년에는 베이징의 유명한 묘봉산묘회(妙峰山廟會)도 다시 살렸다. 지금은 더 많은 곳에서 묘회가 열리고 있을 것이다.

묘봉산은 베이징시의 샹산(香山) 서북쪽 하이뎬취(海淀區)·먼터우꺼우취(門頭溝區)·창핑셴(昌平縣)의 경계가 맞닿아 있는 곳에 있는 해발 1291미터이다. 그 정상에 영감궁(靈感宮)이 있는데 속칭 냥냥묘(娘娘廟)라고도 부른다. 거기에는 주신으로 도교의 벽하원군(碧霞元君)과 그 가족 및 불교의 관음보살·지장보살(地藏菩薩)과 민속신인 약왕(藥王)·재신(財神)·월로(月老)·희신(喜神) 등이 모셔져 있다.

묘회는 벽하원군의 탄생일인 4월 18일을 중심으로 벌어지는데, 4월 1일에 시작하여 4월 28일에 끝난다. 그러나 묘회에 참석하는 사람들은 이미 3월에 준비를 하여 출발하는데, 묘봉산으로 향하는 네 갈래의 향도(香道)에는 연이어 차붕(茶棚)이 세워져 음식도 먹고 마시며 쉬면서 거기에서 공연되는 여러 가지 민간연예도 즐긴다. 차붕에는 신상도 모셔져 있어서 사고로 정상까지 못 올라가는 사람들은 차붕에서 소원도 빌고 묘회를 즐긴다. 여기에서 연출되는 연예는 사자무·십불한(什不閑) 등 수십 종에 이른다. 묘회는 신을 즐겁게 해준다는 명목으로 향도에서 가무와 연희까지 행해지는 행향주회(行香走會)에서 절정을 이룬다. 가을에는 7월 25일부터 8월 1일 사이에 묘회가 개최된다. 외지의 관광객도 상당수 참여한다고 한다.

지금 중국에서는 자기들의 전통문화, 특히 서민대중의 문화를 되살리려는 방향으로 노력하고 있기 때문에 이는 전국의 농촌을 비롯한 여러 곳의 묘회도 다시 크게 부흥하였음을 뜻한다. 필자는 1995년 2월 음력 설 때에 민간에서 연출되는 놀이를 구경하려고 쓰촨(四川) 지방을 찾아간 일이 있다.[8] 쓰촨성의 성도인 청두(成都)에서 멘양(綿陽)을 거쳐 유명한 촉도(蜀道)를 따라 북쪽으로 올라가 즈퉁(梓潼)이란 고장의 시골 마을 위마깡(御馬岡)에 있는 어마사(御馬寺)라는 신묘(神廟)에서 열린다는 묘회를 구경하러 갔었다. 특히 그곳에서는 재동양희(梓潼陽戱)라는 탈놀이가 연출된다고 하여 큰 기대를 걸었다. 재동양희는 1910년대만 하더라도 이 지역에 20여 개의 공연 단체인 희반(戱班)이 있었고 다른 성에까지 유행되던 놀이였는데, 인민공화국 수립 뒤 미신을 금하여 묘제(廟祭)를 중단하는 바람에 근 40년 동안 이 놀이를 하지 않다가 1990년에 이르러서야 다시 그 전통문화 상의 의의와 민속적인 가치가 존중되어 조사연구와 함께 놀이가 다시 살아나게 된 것이라 하였다. 그러나 그 사이 대부분의 예능인들이 죽고 놀이에 쓰던 물건도 없어진 것이 많아 본래의 모습을 되찾기가 힘들다고 하였다. 놀이에 쓰던 탈도 본시는 30개에 가까운 수였으나 모두 없어지고 본래의 것은 이랑(二郞)·영관(靈官)·토지(土地)의 세 개만이 남아 있다고 하였다.

어마사에 당도해 보니 이름과는 달리 불교 사원이 아니라 도교와 무속의 신이 함께 모셔져 있는 신묘라 하였다. 묘당은 넓은 산비탈 언덕 위에 있고 희대(戱臺)는 언덕 아래 묘당으로 향하는 문루(門樓) 위에 마련되어 있어서, 묘당에 모신 신들은 그대로 앉아서 희대에서 연출되는 놀이와 연극을 구경할 수 있게 되어 있었다. 그리고 문루와 묘당 사이의 비탈은 자연스러운 사람들의 공연 관람석이 되어 있는데, 주변에 인가도 별로 보이지 않는 산골인데도 사람들은 1,000명이 넘게 모여 있었다. 우리에게는 중간에 나무판자와 자리를 깔아 관람석을 마련해 주었다. 묘당 근처에는 임시로 마련한 국수며 호떡 같은 간단한 음식을 파는 천막이 줄지어 마련되어 있고, 문루 근처에는 공연을 준비하는 사람들이 바쁘게 오락가락하고 있었다.

곧 희대에서는 천희(天戲)라 부르는 문루 위에서 끈으로 조종하는 인형놀이가 시작되었다. 너덧 편의 인형극이 진행되었는데 대체로 병마와 재난은 쫓아내고 복을 불러온다는 뜻을 지닌 것이었고, 등장인물 중에는 관우(關羽)와 한신(韓信) 등 우리에게도 잘 알려진 인물들도 있었다. 옛날에는 삼십이희(三十二戲)라 할 정도로 많은 종류가 있었는데, 지금은 없어져 버린 인형이 많아 제대로 연출하지 못하는 것들이 적지 않다고 하였다. 이어서 지희(地戲)라 부르는 탈놀이가 시작되었다. 영관단악(靈官斷惡)·종규참귀(鍾馗斬鬼) 등 여러 가지 탈놀이가 연출되었다. 가끔 얼굴에 여러 가지 색칠을 하는 도면(塗面)을 한 출연자도 나왔는데 없어진 탈을 보충하는 방편인 것 같았다. 끝으로 이랑(二郞)신이 모든 역귀들을 잡아 강물로 내려가서 배에 실어 띄워 보내는 것으로 탈놀이가 끝났다. 다음날은 쓰촨의 대표적인 지방희인 천극(川劇)이 연출된다고 하였다. 지극히 가난한 농촌이지만 이처럼 자기네 전통연희를 공연하며 근처 여러 마을 사람들이 한 데 모여 즐기는 중국 사람들이 부러웠다.

일본의 '마쓰리'

　일본의 마쓰리도 오랜 옛날부터 행해진 것이다. 예를 들면 도쿄의 삼사제(三社祭)는 스이코 천황(推古天皇, 593-628) 때에 시작된 것이라 하고[8], 교토의 기온마쓰리(祇園祭)는 세이와 천황(淸和天皇) 때(869)부터 시작된 것이고, 아오이마쓰리(葵祭)는 덴무 황제(天武帝, 673-685) 때부터 이어져 온 마쓰리라 한다.[9] 그리고 마쓰리가 행해지는 신사에 모셔진 신들은 거의가 신화와 연관이 있는 천 수백 년 이전의 역사를 지닌 신들이다.[10]

　마쓰리는 일본 각지에 일 년 내내 거의 하루도 쉴 날 없이 행해져 왔다. 예를 들어 1976년에 잡지사 『문예춘추(文藝春秋)』에서 발행한 『고향의 마쓰리(ふるさとの祭り)』에 실린 「오마쓰리 달력」에 의하면, 1월에는 25일(3·7·14·15·20일은 중복) 동안 22개 지역에서 각기 다른 마쓰리가, 4월에는 45일(2·3·4·5·7·11·15·21·22·23·24·25·26·27·29일은 중복) 동안 25개 지역에서 각기 다른 마쓰리가, 8월에는 65일(1-18·24-26일은 중복) 동안 27개 지역에서 각기 다른 마쓰리가 행하여지는 식으로 일 년 내내 전국 각지에 계속하여 행해지고 있다. 하가 히데오(芳賀日出男)의 『일본의 마쓰리(日本の 祭り)』에 실린 「일본의 마쓰리 달력」에는 도시별로 마쓰리가 행해지는 달력을 만들어놓고 있는데, 도쿄 한 곳만을 예로 들어도 1월에는 6일, 2월에는 11일·13일, 5월에는 3-6일과 세 번째 일요일,

---

8　『淺草寺緣起』田村隆一 「ぼくの '三社祭'酩酊記」, 山崎正和 編 「生活という劇場」(新潮社, 1979)에서 인용.

9　澤野久雄 「王朝おしのぶ宴- 葵祭·三船祭」 의거.

10　圓谷眞護 「神さまの戶籍しらべ」(『日本縱斷ふるさとの祭り』, 文藝春秋, 1976. 所載) 의거.

6월에는 7일 전후의 토요일과 일요일 및 9일에 가까운 일요일, 7월에는 6-8일, 8월에는 15일 전후의 3일 간 및 26-28일, 9월에는 11-21일, 10월에는 첫째 토요일과 19·20일, 11월에는 유(酉)일, 12월에는 17-19일에는 각기 다른 여러 가지 마쓰리가 행하여지는 것으로 되어 있다. 다른 도시도 모두 비슷하다.

　마쓰리는 본시 축제가 중심이 되는 '아오이마쓰리(葵祭)' 같은 경우에는 그대로 '마쓰리', 신사의 제사와 함께 진행되는 경우에는 '오마쓰리(御祭り)'로 구분하여 부르기도 하였다 한다. 실제로 위에 소개한 「오마쓰리 달력」에서는 7월 17일 교토에서 하루 진행되는 것으로 기록되어 있는 '기온마쓰리야마보코준코(祇園祭山鉾巡行)'의 경우를 보아도 실제로는 거의 7월 한 달을 걸쳐 '기온마쓰리'가 진행되고 있다. 교토대학(京都大學) 교수 요네야마 도시나오(米山俊直)의 「기온마쓰리-그 일곱 가지 경이(驚異)」에 의하면 교도의 온 시내가 7월 한 달에 걸쳐 축제로 들뜨게 된다는 것이다.[11] 그리고 7월 1일 '깃푸이리(吉符入り)'를 시작으로 2일에는 시회(市會) 의사당에서 간단한 의식을 행하고 시장(市長)까지 나서면서 마쓰리 준비에 들어간다. 10일부터는 길가에 20미터 높이의 거대한 창(鉾)이라 부르는 구조물이 세워지고 장식이 가해지며, 따라서 '산'이라는 구조물도 세워지고 그 사이사이에는 여러 가지 놀이가 벌어지면서 17일의 '야마보코준코(山鉾巡行)'를 준비한다. 이때부터 도심 일대에는 자동차 통행이 금지되고 사람들이 나와 큰 길이나 골목을 모두 메워 법석이라 한다. '산'과 '창'은 마을에 따라서 그 구조나 크기와 모양

---

11 『日本縦断ふるさとの祭り』(1976) 所載.

이 모두 다르다. 15·16일부터는 본격적인 여러 가지 제사가 시작되고 17일에는 고즈 천왕(牛頭天王: 기원정사의 수호신으로 교토 기온샤의 제신(祭神))이라고도 부르는 신의 여러 가족을 태운 가마와 함께 성대하고 화려한 '야마보코준코'가 시작된다. 이는 신사로부터 오타비(御旅所: 신사의 제례에 신령을 안치하는 가마가 본궁에서 행차해서 임시로 머무는 곳)라 부르는 곳으로 신을 모셔오는 행사인데 온 도시 사람들의 환영 속에 밤 9시가 되어야 순행이 끝난다. 그리고 이 퍼레이드의 중간중간에는 거리마다 서로 다른 여러 가지 그 고장의 민속예능이 연출된다. 요네야마 교수가 구경했을 적에 '산'은 22채, '창'은 7채가 동원되고 있었다. '산'과 '창'은 큰 수레바퀴 위에 모든 기술을 동원하여 만들어진 거대한 공예 구조물이며 배 모양을 한 것도 있고 집 모양을 한 것도 있다. 많은 사람들이 그 위에 올라타고 여러 가지 연기를 하고 또 많은 사람들이 이 수레를 움직인다. 행렬이 지나가는 거리에는 높은 '창'이 걸리지 않도록 전선 같은 시설을 하지 않는다 한다. 모두 백 수십만의 시민들이 나와 모두가 감동 속에 이 축제에 함께 참여한다. 23일에도 제례가 행해지고 24일에는 다시 화려한 꽃우산순행(花傘巡行)과 환행제(還行祭)가 행해진다. 25일에는 교겐(狂言)을 비롯하여 연극이 공연된다. 그리고 28·29·31일의 제례행사를 거쳐 이 '기온마쓰리'는 끝나는 것이다. 그러니 일 년 내내 일본 여러 곳에서 마쓰리가 진행되고 있다고 보면 된다.

호죠 히데지(北條秀司)의 「기제소묘(奇祭素描)」라는 글을 보면 이런 정상적인 마쓰리 이외에 젊은 남자들이 큰 남근(男根)을 달고 흔들며 뛰어 논다던지(愛知縣), 남자들은 두 패로 나누어 눈밭에서 대나무를 들고 치고 받고 싸워 피투성이가 되는데 여자들은 옆에서 응원을 하고 있는 곳

(秋田縣) 등 기이한 마쓰리도 무척 많다.

그리고 게이오(慶應)대학 이케다 야사부로(池田彌三郎) 교수는 마쓰리에 관한 좌담회에서 "점점 마쓰리가 신과는 관계가 없는 행사가 되어가고 있다."고 말하고 있으니[12] 중국과 비슷한 흐름을 보이는 것 같다. 그러나 이어서 "신과는 관계가 적어진다 하더라도 중국·소련 등 사회주의 국가의 예로 보아 마쓰리는 더욱 성행하게 될 것이다."라고 말하고 있다.

전통 축제의 사회적·문화적 의의

사람들은 축제를 통하여 일상적인 자신으로부터 벗어나 신과의 접촉을 통해 순진한 자기 자신으로 돌아가게 된다. 이는 자기가 살아가는 에너지를 충전하는 기회도 된다. 일본의 경우 가부키(歌舞伎)며 스모까지도 축제 속에 포함시켜야 한다고 주장하는 학자들이 많은 것도 그 때문이다. 그리고 축제에 참여하는 모든 사람들이 함께 어울려 화합하도록 만들어 준다. 축제에는 남녀노소 또는 직업이나 신분의 구분이 없다. 축제 행사를 진행하는 사람과 그것을 구경하는 사람들이 하나가 된다. 말하자면 구경꾼도 축제의 방관자가 아니라 참여자가 된다. 참가한 사람 모두가 행사를 통해서 한 마음이 되는 것이다.

필자는 1995년 여름 방학 중에 후쿠오카(福岡)에서 열린 하카다기온

---

12 『日本縱斷ふるさとの祭り』(1976) 所載.

일본 후쿠오카(福岡)의 마쓰리 때 쓰이는 가마인 '야마가사(山笠)' 중의 하나.

야마가사(博多祇園山笠)를 구경한 적이 있다. 마쓰리를 시작하기 전날 시내 호텔에 묵고 있었는데 밖이 시끄러워 도저히 방에서 잠을 잘 수가 없었다. 텔레비전에서는 지금 어울려 전체 도시 인구의 80퍼센트가 넘는 인원이 거리에 나와 미리 축제를 즐기고 있다는 것이었다. 함께 갔던 동료들과 함께 밖에 나가보니 정말 사람들이 길거리에 인산인해를 이루고 있었다. 우리도 거리를 돌아다니면서 일본 사람들과 함께 어울려 술도 얻어 마시고 축제 준비 모습을 구경도 하면서 즐겼다. 다음날 우리는 마쓰리가 시작되는 신사에 가보려고 일찍이 호텔을 나섰으나 길에 남녀노소가 가득 차 있어 밀치고 앞으로 걸어가기가 어려워 결국 가지 못하고 중도에 길거리에서 구경하고 말았다. 거대한 가마 같은 모양의 장식을 요란하게 한 야마가사(山笠)를 멘 대대적인 행렬이 놀이를 하며 지나가자 구경꾼들은 집에서 물을 퍼가지고 나와서 지나가는 행렬 인파들에게 양동이로 물을 뿌리며 함께 열광했다. 남녀노소의 구별 없이 모두가 함께 어울리고 있었다. 이런 마쓰리가 있기 때문에 일본 사회는 매우 건전하구나 하고 느껴졌다.

마쓰리에서는 그 지역 사람들이 공동 이익도 추구한다. 신에게 개인적인 문제만을 아뢰는 것이 아니라 재난이 일어나지 않고 불행한 일이 생기지 말며, 비바람이 순조로워 풍년이 들고 그 지역이나 나라가 평화롭고 풍성해지기를 함께 빈다. 직접 서로 생활의 편의를 도모하기도 한다. 중국에서는 명·청 시대로부터 묘회가 열리는 사원이나 신묘에는 여러 가지 물건을 파는 시장이 함께 열렸다. 묘회를 빌려 필요 없게 된 여러 가지 보물도 갖고 나와 팔았고, 자신이 생산한 생활필수품도 내다가 팔았다. 고야마 가스(小山和)가 쓴 「전국 유명 잿날(緣日)과 아침장(朝市)」이라는 글[13]을 보면 마쓰리가 벌어지는 사원이나 신사에도 한편에 물건을 파는 노점들이 개설되고 있는 곳들이 있다. 모두 공동의 이익을 추구하려는 마음의 소산이라 할 수 있다.

중국에는 여러 지역마다 각지의 상공인들이 친선도 도모하고 협력도 하면서 숙박도 해결하기 위하여 지어놓은 회관(會館)이라는 것이 있다. 1949년 베이징시 인민정부 민정국(民政局)의 통계에 의하면 베이징 시내에 회관이 모두 391개나 된다.[14] 그 중 연극을 전문으로 공연하는 희대(戲臺)까지 있는 회관이 17개라 한다. 회관의 구조는 모두 자기들이 가장 받드는 신을 모신 신령공봉(神靈供奉)이 중심을 이루는데, 관계자들이 회합을 할 적에는 단배(團拜)라 하여 먼저 신령에게 제사를 올린 다음 술과 음식을 즐기며 경극을 비롯한 여러 가지 전통연예를 관람하였다. 그러니 이것도 묘회나 같은 일종의 축제이며, 함께 화합하여 공동

---

13 文藝春秋 발행 『日本縱斷 ふるさとの祭り』(1976) 所載.
14 이 대목 李鴻斌 『廟會』(北京出版社, 2005) 의거하여 기술.

의 목표를 추구하는 데 중요한 목적이 있었을 것이다.

문화면에서는 중국이나 일본 모두 이 축제를 통하여 자신들의 여러 가지 전통적인 민속연예가 전승·발전되고 있다. 지금 중국에는 전국에 공연되고 있는 경극(京劇)·앙가(秧歌)·도정(道情) 등 전통희곡이 모두 374종이고, 그 중 중화인민공화국이 수립된 뒤 새로 만들어진 극종이 58종이라 한다.[15] 이것들 모두가 주로 묘회를 통해서 전승되어 오고 있는 것들이며, 그것들을 바탕으로 다시 새로운 그들의 예능이 만들어지고도 있는 것이다. 일본도 혼다 야스지(本田安次)의 『민속예능』에 실린 「예능력(藝能曆)」에 의하면 간토(關東) 지방의 경우만 보더라도 1월에는 가구라(神樂)·덴가구(田樂) 등 10종이 여러 곳 마쓰리에서 연출되고, 2월에는 사자춤 등 10종이 각지에서 연출되며, 3월에는 13종, 4월에는 34종, 5월에는 18종, 6월에는 3종, 7월에는 28종, 8월에는 17종, 9월에는 8종, 10월에는 12종, 11월에는 6종, 12월에는 4종이 각지에서 공연되고 있다. 마쓰리를 통해서 엄청나게 많은 그들의 민속예능이 잘 전승되고 있음을 알 수 있다. 그러니 중국이고 일본이고 그러한 축제는 전통연예를 전승하게 해주는 중요한 문화행사라고 할 수 있다.

축제는 예능을 전승하는 수단이기 때문에 축제에 참여하는 사람들은 이를 통해서 자기네 전통의식을 갖게 되고 자아의식과 자존심을 발전시키게 된다. 그들은 이런 나라 이런 세상에 살고 있음은 행복임을 절감하게 된다. 그리고 신과의 연관을 통해서 자기 주변의 액운은 물리치고 만사가 순조롭고 평화로울 것임을 믿게 된다. 앞에서도 인용한 일본

---

15 中國藝術研究院 戱曲研究所 1986년 통계.

학자들의 좌담회에서 도류문과대학(都留文科大學) 학장인 와가 모리다로(和歌森太郞)는 이렇게 말하고 있다.

나는 일본인이 있는 한 마쓰리는 없어지지 않을 것으로 믿어요. 특히 기계문명이 발전하고 생활은 더욱 유형화(類型化)할 것이니, 견디기 어려워지지요. 그러니 멋진 날을 만들어 모두가 함께 '와-와-' 하고 공동의 흥분을 누리고자 하는 욕망은 변하지 않을 것으로 생각합니다.

중국 같은 사회주의 국가에서도 미신적인 요소에도 불구하고 묘회를 비롯한 축제를 살리고 있는 것은 역시 그 때문일 것이다.

우리가 반성해야 할 일들

우리에게는 옛날부터 전해 오는 묘회나 마쓰리 같은 축제가 없다. 옛날에는 시골 마을에 당산제(堂山祭)·성황제(城隍祭)와 산신제(山神祭) 같은 것이 있었다고 하지만 지금 와서는 그런 제사활동을 벌이던 당집조차도 모두 사라져 버렸다. 옛날 우리나라 민간에 전승되고 있었던 여러 마을의 제사활동뿐만이 아니라 탈놀이나 광대놀이 사자춤 같은 민속놀이도 모두 함께 사라졌다. 지금 그것들은 그 일부가 정부에서 지정한 인간문화재에 의하여 보존되고 있을 뿐이고 자연스럽게 전승되고 있는 것이 아니다. 우리는 우리의 전통예능을 모두 잃어가고 있다.

전남대 나경수 교수는 전라남도 여러 시군의 마을굿과 동제(洞祭)·
줄다리기·달집태우기 등을 조사하고 「전남지역 마을굿 지도를 통해 본
전통축제의 원형과 변형」이란 논문을 썼는데(2011. 11)[16], 거기에서 1926
년 조선총독부에서 발행한 『부락제(部落祭)』에 실린 기록과 그가 조사한
2005년의 실정을 비교한 대목이 있다. 그에 의하면 고흥에는 183개 마
을에서 행해지던 것이 지금은 21개 고장만이 남았고(162개 마을, 곧 86%
가 없어짐), 영광에는 120개 마을에서 행해지던 것이 지금은 46개 고장만
남았고(74개 마을, 곧 62%가 없어짐), 진도에는 247개 마을에서 행해지던 것
이 지금은 48개 고장만 남았다(199개 마을, 곧 81%가 없어짐)는 것이다. 남
은 곳도 그 내용은 본래의 마을굿과 크게 달라진 성격의 것일 것이다.
나경수 교수는 다시 같은 논문에서 이렇게 부락제가 없어지는 까닭을
대체로 다음과 같이 진단하고 있다.

산업화의 과정에서 이농현상이 현격해지고…… 특히 거센 공업화
바람은 소위 기술과학주의를 표방하면서 동제(洞祭)와 같은 신심이
요구되는 민속을 미신으로 치부하였으며, 당연히 새마을 사업의 일
환으로 예의 당집이 철거되고 당산나무가 베어지는 수난을 맞게 되
었다. 특히 다른 민속에 비해 신앙성과 지역성을 기반으로 하고 있
는 민속은 그 해체 속도가 훨씬 가속되고 있는 실정이다.

---

16 나경수 「전남지역 마을굿의 문화지도 제작과 활용」(『동아시아 전통 축제의 재발견』 한양대학교 동
아시아문화연구총서, 민속원 2013. 5) 참조.

지금부터라도 다시 전통예능을 공연하는 우리의 마을축제를 발전시키도록 애써야만 할 것이다. 그리고 그러한 축제를 통하여 우리 조상들의 예능을 되살려내고, 또 우리 자신의 것들을 발전시켜 나갈 수 있도록 힘써야만 할 것이다. 우리는 지금 각 지역마다 새로운 축제를 남발하고는 있다. 그러나 어디에도 한국 사람들이나 그 지역 사람들의 마음을 사로잡아 하나로 만들어 모든 사람들을 함께 하도록 하는 축제는 아직 없다. 따라서 우리는 작은 일에도 제각기 다른 생각을 품고 좁은 나라인데도 지역을 따라, 직업을 따라, 나이를 따라 늘 서로 다투고 있는 것이 아닌가 한다.

우리는 지금 전해지고 있는 전통연예가 없기 때문에 이웃 나라와 관계가 소원해진 상태이다. 사자춤·학춤 같은 것은 중국·일본은 물론 우리나라에도 있었던 것인데 지금은 우리에게만 제대로 전해지는 것이 없다. 중국과 일본의 경우는 민속연예 중에 두 나라가 함께 행하고 있는 것으로 나(儺)·탈놀이·등불놀이·우란분회(盂蘭盆會)·용선(龍船) 경주·칼춤·모내기춤·새신(賽神) 등 무척 많다. 따라서 두 나라 사람들은 상대방의 전통연예에 대하여 서로 친근감을 갖고 서로 대하고 있다.

보기로 1956년 경극의 여주인공 역으로 온 세계 연극계에 이름을 떨친 명배우 메이란팡(梅蘭芳)이 63세의 나이에 일본을 방문하여 53일 동안 도쿄를 비롯하여 교토·오사카·후쿠오카 등 12개 도시를 돌면서 공연을 하였을 때를 보면 일본에서의 경극에 대한 반응은 열광적이었다. 교토에서는 입장료가 1,500엔(입장료가 비싸다는 가부키도 1,000엔 이하)이었는데도 공연 10여 일 전에 표가 매진되었고[17], 후쿠오카에서는 1,300석 극장인데도 관중의 요구로 입석을 200석이나 더 팔았고, 공연 당일에는 극장문 앞에 2시간 전부터 줄을 서서 개장을 기다렸다 한다. 중국 경극 단원들은 공연을 하는 한편 일본의 연예인들과 환담회도 갖고, 일본의 전통극을 감상하기도 했으며, 18개 대학을 방문하여 강연 및 경극의 연기와 동작 시연 등을 하였다 한다. 그리고 단원들은 몇 명씩 나누어져 자기 기호에 따라 일본의 부가쿠(舞樂)·난릉왕(蘭陵王)·노(能, 2개반)·교겐(狂言, 4개반)·가부키(歌舞伎)·교마이(京舞: 교토 지방에서 발달한 무용의 한 가지)·화류파(花柳派)·서기파(西崎派, 3개반)·고전음악·통소(尺八) 등을 일본 선생을 모시고 공부하였다. 한편 일본 배우들에게는 경극을 가르쳐 주고 필요한 옷과 도구 등도 모두 증정하였다. 일본에서는 경극단을 정성을 다해 접대하고, 경극단은 성의를 다하여 일본 사람들을 위해 공연하였다. 이처럼 중국과 일본 연예계는 서로 배우고 협력하면서 서로의 연예를 발전시키고 있는 것이다. 따라서 일본에서는 여러 편의 경극 작품을 일본 전통연예로 개편하여 공연하고, 중국측에서는 일본의 가부키 등의 작품을 경극 등으로 개편하여 공연하면서 서로의 연기와 연출 방법을 배우기에 힘쓰고 있다.

일본 사람들이 경극을 우리보다 잘 알기 때문이 아니다. 1956년 메이란팡의 경극 공연을 보고 교토대학 교수 요시가와 고지로(吉川幸次郎)는 소감을 한시로 5수나 짓고 거기에 해설을 곁들여 「남좌관극절구(南座觀劇絶句)」라는 글을 발표하고, 또 「메이란팡의 지위」·「경극잡감(京劇雜感)」·「메이란팡 및 기타의 일」이란 4편의 글을 쓰고 있다. 그런데 「경극잡감」에서 자기의 경극에 관한 인식을 다음과 같이 쓰고 있다.

---

17 吉川幸次郎 『閑情の賦』 梅蘭芳その他 의거.

곤극(崑劇)「장생전(長生殿)」의 공연 모습.

사실을 말하면 나는 경극이란 것을 잘 모른다. 잘 모르기 때문에 별로 보러 간 적이 없다. 지금까지 본 횟수는 열 번이 채 되지 않는다. 우선 그 단조롭고 시끄러운 징소리가 노(能) 반주음악의 살벌한 소리와 같이 나를 질리게 한다. 또 장군역 등을 맡는 정(淨)이나 웃기는 역을 하는 어릿광대 같은 배역의 요란한 얼굴 화장은 가부키의 기묘한 얼굴 화장처럼 나를 당혹케 한다. 무극(武劇)의 몸짓은 교묘하고도 현란하지만 러시아 발레처럼 연극이라기보다는 기교부리기라는 느낌을 나는 버리지 못하고 있다.

경극에 대한 인식이나 접근 정도가 필자와 거의 같다. 그런데도 일본 교수는 일본 사람들과 함께 경극 공연에 대하여 매우 적극적인 자세를 보이고 있는 것이다. 이것이 무엇보다도 우리가 반성해야 할 점이 아닐까 생각된다.

우리나라는 몇 년 전 베이징의 메이란팡경극단(梅蘭芳京劇團)이 와서 공연을 하고, 중국의 제1회 매화장(梅花獎) 수상자인 장지칭(張繼青)이 낀 장쑤성곤극단(江蘇省崑劇團)이 내한 공연한 일이 있으나 초청 좌석이나 겨우 채워질 정도의 관객들 반응이었다. 2010년 4월에는 중국의 명감독 천카이거(陳凱歌)가 감독한 영화 「메이란팡」이 들어와 개봉되었으나 관중들의 반응이 냉담하여 이삼 일도 끌지 못하고 물러났다. 꽤 잘 된 영화였으나 한국 사람들은 경극이나 메이란팡에 대하여 전혀 모르고 무관심하기 때문에 그 영화를 전혀 이해할 수가 없었던 것이다.

우리는 세계화를 이야기하면서도 이웃에 대하여 올바른 관심조차 갖지 못하고 있는 게 아닌가 걱정된다. 우리도 고급문화보다도 가난하고 잘 못사는 백성들도 모두가 함께 즐기는 연예가 있어야 한다. 그래야만 온 백성들이 함께 즐기며 마음과 뜻을 같이 하여 진실로 행복하게 잘 사는 나라를 만들 수가 있을 것이다.

5
중국 연극사에서의 탈놀이

머리말

    중국에서는 1980년대에 들어와 사람들의 발길이 잘 닿지 않던 여러 오지에서 이제는 없어졌다고 여겨지던 탈놀이인 나희(儺戱)가 가난한 백성들에 의하여 유지되고 있는 것이 발견되어 그 연구가 크게 붐을 일으키고 있다. 그들의 탈놀이를 '나희'라고 부르는 점에서는 의견이 일치되고 있지만, 실제로 '나희'란 무엇을 말하는가 하는 가장 기본적인 문제에 대해서는 학자들에 따라 여러 가지로 의견이 분분한 것 같다. 현재 중국의 탈놀이야말로 교통도 불편한 오지의 가난한 서민들이 전승해 오고 있고, 그리고 오랜 역사를 통하여 계승·발전시켜 온 대표적인 전통연예인 것이다.

장시(江西)성 난펑(南豊)의 탈놀이.

　더구나 '이것을 연극이라 할 수 있는가?' '이에 대한 연극사적인 연구가 필요한가?'라고 하는 문제에서는 더욱 의견이 분분하다. 그것은 중국 학자들이 본격적인 자기네 연극이라고 여기고 있는 경극(京劇)과 지방희(地方戱) 등 이른바 연극의 규모가 더 크게 발달한 대희(大戱)의 영향 때문이다. 중국 학자들은 대부분이 중국의 참된 전통연극은 '대희'라고 생각하고 있다. 따라서 구성이 간단한 탈놀이를 연극이라 보기 싫은 것이다.

　이제 오랜 동안 탈놀이를 체계적으로 연구해 온 한국의 업적을 바탕으로 하여 그러한 가장 기초적이고도 가장 중요한 문제들을 해결해 보자는 것이다. '나희'란 무엇인가? 그것을 연극이라 할 수 있는 것인가?

중국 연극사에서 '나희'의 지위는 어떤 것인가? 등의 문제에 해답을 제시해 보려는 것이다. 특히 우리 한국 사람은 '대희'의 영향으로부터 벗어나 있기 때문에 그러한 문제에 대한 더욱 객관적인 접근이 가능하다고 생각한다.

중국의 탈과 탈놀이의 발생

중국에는 지금으로부터 3천 수백 년 전의 상(商)나라 때 이미 탈이 존재하였고, 탈놀이도 행해지고 있었을 가능성이 크다. 저우화빈(周華斌)은 미국의 시애틀 미술관과 시카고 예술학원에 소장되어 있는 청동으로 만든 가면이 상나라(B.C. 16세기-B.C. 1027) 말엽 또는 주(周)나라(B.C. 1027-B.C. 256) 초기의 것임을 고증하였는데[1], 그것은 1936년 중앙연구원(中央硏究院)에서 은허(殷墟)를 발굴할 때 출토되었던 가면의 일부가 아닐까 한다.

1955년부터 1976년에 이르는 기간에 산시성(陝西省) 청구(城固) 지구에서도 은(殷)나라 때의 청동 가면이 연이어 48개나 출토되었다.[2] 산시성 시안(西安)의 라오뉴퍼(老牛坡) 등지에서도 역시 은나라 때 청동 가면이 출토되었다.[3] 다시 1986년에는 쓰촨성(四川省) 광한(廣漢) 산싱투이(三星堆)에서도 여러 개의 은나라 청동 가면이 발굴되었는데, 그 중에는 순금을 얇

1 周華斌「商周古面具和方相氏驅鬼」(『中華戲曲』第6輯, 1988 所載).

2 『考古』第3期(1980), 「陝西省城固縣出土殷商銅器整理簡報」.

3 『文物』第6期(1988), 「西安老牛坡商代墓地的發掘」.

게 입힌 가면도 한 개가 있다. 이것들은 지금 쓰촨성 청두(成都)의 쓰촨성 박물원(四川省博物院)에 소장되어 있는데, 가장 큰 가면은 너비 168센티미터, 높이 80여 센티미터이며, 그 밖에 보통 크기의 것 7, 8개가 있다.[4]

이들 청동으로 만든 탈들은 대체로 놀이에 쓰였던 것이 아니라 제의(祭儀)에 사용된 신의 모습을 나타내는 '신면(神面)'이었을 가능성이 많다. 상나라 시대의 갑골문(甲骨文)이나 금문(金文)에도 탈을 뜻하는 글자들이 있다.[5] 어떻든 놀이할 적에 쓰는 탈보다는 신의 모습을 나타내는 '신면'의 발생이 빨랐을 것 같다.

중국에는 무당이 상당히 일찍부터 활약하여, 옛날 제정일치 시대에는 '무당'의 사회적인 지위는 상당히 높았다. 하(夏, B.C. 21세기-B.C. 16세기)·상(商, B.C. 16세기-B.C. 1027) 시대만 하더라도 "임금과 관리가 모두 '무당'에서 나왔고", "축(祝)·종(宗)·복(卜)·사(史) 등의 그 시대에 가장 중요했던 여러 관원도 모두가 '무'가 변화한 형태로서, '무'로부터 나온 것"[6]이라고 추측되고 있다. 옛날 춤의 기본 걸음걸이인 '무보(舞步)'는 '우보(禹步)'에서 나왔고, 뒤에 그것이 '무보(巫步)' 또는 '무도(巫跳)'로 발전했다고도 한다.[7] 그리고 『서경(書經)』 상서(商書) 이훈(伊訓)을 보면 탕(湯)임금의 재상 이윤(伊尹)은 술 마시고 춤추며 놀이하는 무풍(巫風)을 경계하는 말을 하고 있다. 또 상나라 태무(太戊)임금 때의 재상으로 무함(巫咸), 조을(祖乙) 때의 재상으로 무현(巫賢)이 있었는데,[8] 이들은 모두가 '무'의 우두머리인 무사

---

4 『文物』第10期(1987),「廣漢三星堆遺址一號祭祀坑發掘簡報」.

5 김학주『중국 고대의 가무희』제2장 3절 참조.

6 李宗侗『中國古代社會史』(臺北,華岡出版社, 1954) 의거.

7 揚雄『法言』衆黎편. 李軌의 注 참조.

8 『書經』周書 君奭편.

(巫師)였음이 분명한 인물들이다.

이상과 같이 상나라 때에는 '무당'이 대단히 행세하였으니, 자연히 세상에는 무당춤인 '무무(巫舞)'가 성행하고, 이에 따라 탈을 쓰고 '무당'이 신의 행세를 하기도 하고, 또 탈을 쓰고 신에게 제사를 지내면서 노래하고 춤을 추는 간단한 탈놀이도 이미 존재했을 가능성이 많다. 옛날 중국 사람들은 신이 사람 위에 내린다고 믿었기 때문에, 종묘에서 제사지낼 적에도 자제들 중의 한 사람을 골라 조상의 신이 내리는 시(尸)로 삼아 제단 앞에 앉혀놓았고, 무당들이 푸닥거리를 할 적에도 신이 무당에게 내려 흔히 신의 역할을 하는 신무(神巫)와 함께 푸닥거리를 부탁한 주인의 소원을 이루어 주기 위하여 신을 모시는 축무(祝巫)가 함께 춤을 추고 창을 서로 주고받으면서 '신무'를 즐겁게 하여 소원을 이루어 주도록 하였다.[9] 따라서 '신면'과 함께 탈놀이의 탈도 상대에 이미 있었을 가능성이 많다.

그러나 본격적인 탈놀이에 관한 기록이 보이는 것은 주(周)나라 시대부터이다. 『예기(禮記)』권15 월령(月令)의 기록에 의하면 주나라 때에는 봄가을과 늦겨울에 봄기운과 가을기운을 왕성하게 하고 재난과 나쁜 귀신을 물리치기 위하여 '나(儺)'라는 행사를 하였다. 『주례(周禮)』·『논어(論語)』·『여씨춘추(呂氏春秋)』와 『회남자(淮南子)』 등에도 이 주나라 시대의 '나'라는 탈을 쓰고 하는 행사에 대한 기록이 보인다. 『주례』권31 하관사마(夏官司馬) 제4(第四)에는 다음과 같은 기록이 있다.

---

9   王國維 『宋元戱曲考』一, 上古至五代之戱劇 참조.

방상씨(方相氏)는 곰가죽을 뒤집어쓰고, 황금빛의 네 눈을 지녔으며, 검은 저고리에 붉은 치마를 입고, 창을 들고 방패를 가지고서 많은 아랫사람을 거느리고 철에 따라 '나'를 행함으로써 집안을 뒤져 역귀(疫鬼)를 몰아내었다.

이에 따르면 '나'라는 의식의 주인공은 황금의 눈이 네 개 달린 탈을 쓰고 곰가죽을 몸에 덮어쓴 '방상씨'였음을 알 수 있다. 『논어』 향당(鄉黨)편에는 공자가 민간의 '향나(鄉儺)'를 구경하는 기록이 실려 있으니, 이미 주나라 때부터 궁중뿐만이 아니라 민간에 이르기까지도 '나'라는 의식은 널리 행해지고 있었음을 알 수 있다.

이 '나'라는 행사는 연말의 '대나(大儺)'를 중심으로 하여 한(漢)대에서 위진(魏晉)·남북조(南北朝)를 거쳐 당(唐)나라에 이르기까지 계속 발전한다. 그리고 『후한서(後漢書)』 예의지(禮儀志) 등의 기록을 보면 '대나'에는 방상씨뿐만이 아니라 진자(侲子) 120명과 12수(獸)·12신(神) 등이 모두 탈을 쓰고 등장하여 함께 어우러져 나쁜 귀신을 쫓아내는 의식과 함께 노래와 춤을 섞어가며 놀이를 하고 있다. 이를 미루어 볼 때 주나라 때부터 '방상씨' 이외에도 상당히 여러 명의 탈을 쓴 사람들이 '나'라는 탈놀이에 참여하였음을 알 수 있다. 따라서 이미 주나라 시대에도 '나'는 의식에만 멈추지 않고 놀이의 성격도 짙은 행사로 발전하였음을 알게 된다.

실은 '나' 이외에도 주나라에서 연말에 일 년 동안 농사를 짓는 데 도움을 준 신들[10]에게 감사를 드리는 제사인 사제(蜡祭)와 가뭄에 비가 내리기를 비는 기우제 등에서도 탈을 쓰고 노래를 하고 춤을 추었을 가능성이 많다.

어떻든 이 '나'라는 연말 행사가 후세로 올수록 더욱 놀이의 성격을 짙게 띠면서 여러 가지 다른 형태로 발전하여 갔다. 진(晉)나라 종름(宗懍, 500-563?)의 『형초세시기(荊楚歲時記)』를 보면 다음과 같은 기록이 있다.

12월 8일은 납일(臘日)이다. 속담에 이르기를 납일의 북소리가 울리면 봄풀이 돋아난다 하였다. 마을 사람들은 모두 장구를 치며 탈을 쓰고 금강역사(金剛力士) 모습을 하고서 나쁜 귀신을 쫓아내었다.

이에 따르면 이미 진나라 때에도 민간의 '향나'는 지역에 따라 그 놀이의 내용이 크게 변화하여, '방상씨'가 아닌 불교의 신인 '금강역사'가 주인공이 되어 역귀를 쫓아내는 탈놀이를 하기도 하였음을 알 수 있다. '나'의 등장인물이 바뀌고 탈놀이로서의 연출 내용도 여러 가지로 다양해졌음을 미루어 알게 된다.

한편 이 '나'라는 탈놀이의 영향 아래 중국에는 선진(先秦) 시대부터 노래와 춤으로 간단한 고사를 연출하는 여러 가지 가무희가 성행한다. 이 '가무희'는 한대 이후로 더욱 발전하여 당대에 이르기까지 전통적인 중국의 연극으로 자리를 잡게 된다.

한대(B.C. 206-A.D. 220)의 동해황공(東海黃公)·공막무(公莫舞)·관동유현녀(關東有賢女) 등을 비롯하여, 위(魏)나라(220-265)와 진(晉)나라 때(265-

---

10 農耕의 始祖神, 農耕神, 심지어는 들쥐를 잡아먹는 고양이신, 멧돼지를 잡아먹는 호랑이신, 홍수를 막아 주는 제방신 등 종류가 무척 다양하다.

420)의 요동요부(遼東妖婦)·왕명군(王明君), 남북조(南北朝) 시대(420-581)
의 상운악(上雲樂)·답요낭(踏搖娘)·난릉왕(蘭陵王) 등 여러 가지 가무희
의 연출이 알려져 있다.[11] 그리고 이들 '가무희'는 탈놀이가 그 중심을
이루고 있는 것이 특징이다. 이러한 탈놀이를 중심으로 하는 '가무희'는
수(隋)나라에 이어 당(唐)나라(618-907)로 이어지면서 더욱 다양한 발전
하게 된다.[12]

특히 송대(960-1279)에 와서는 여러 가지 가무희가 다양하게 발전하
는데, 탈놀이보다도 탈을 쓰지 않고 하는 가무희도 많아진다. 그리고 약
간의 중국 희곡 연출의 제도적인 규칙인 정식(程式)을 갖춘 잡극(雜劇)
원본(院本) 같은 연극이 생겨나 발전하여 뒤에 '대희'가 이루어지는 터
전을 마련하기도 한다. 맹원로(孟元老, 1126 전후)의 『동경몽화록(東京夢華
錄)』권8 중원절(中元節) 대목을 보면 이런 기록이 있다.

    7월 15일을 중원절이라 부르는데, …… 구사(枸肆)의 악인(樂人)들
    은 칠석날이 지나면서부터 『목련구모(目連救母)』잡극을 상연하기
    시작하여 15일이 되어야 멈추는데, 구경꾼들은 두 배로 늘어난다.[13]

현재 민간에서 연출되고 있는 목련희(目連戲)의 상황으로 보아 이 '잡
극'은 가면극이었을 가능성이 많다. 그리고 칠석날로부터 보름 때까지
연출되었다면 이미 그 규모는 '대희'에 못지않은 규모가 큰 것이었다.

---

11 김학주『중국 고대의 가무희』(명문당, 2001. 改訂增補版) 참조.
12 任半塘『唐戲弄』참조.
13 "七月十五日, 中元節, … 枸肆樂人, 自過七夕, 便般目連救母雜劇, 直至十五日止, 觀者增培."

여하튼 지금 중국에서는 자기네 탈놀이를 보통 '나희'라 부르는데, 그 것은 옛날 나쁜 귀신들을 쫓아내던 행사인 '나'에 뿌리를 두고 있는 탈 놀이를 주종으로 하고 파생되어 발전한 자기네 탈놀이 또는 가면극을 모두 포괄하는 뜻으로 쓰고 있다.

대희(大戱)의 발전

본래의 중국의 전통연극이란 탈놀이가 중심을 이루는 가무희인 이른 바 규모가 작은 소희(小戱)였는데, 북송 말년(1127)을 전후하여 갑자기 대희가 나타나 크게 유행하기 시작한다. 이 중 가장 먼저 생겨난 것은 희문(戱文, 또는 南戱)이라 하는데, 이때의 희문은 곧 북쪽에 성행한 원대 (1206-1368)의 잡극(雜劇)에 밀려 크게 성행하지 못한다. 이들은 송나라 잡극(雜劇)과 금나라(1115-1234) 원본(院本) 같은 가무희를 바탕으로 하여 주로 여진족(女眞族) 음악의 영향을 받아 발전한 규모가 커진 대희(大戱) 이다.

이 대희는 금나라와 원나라의 전신인 몽고(1188-1205)에서 생겨나 원 나라가 일어났을 때(1206)에는 이미 상당히 성행한다. 그리고 이 새로운 잡극은 원나라의 수도인 대도(大都, 지금의 北京)를 중심으로 발전한 것이 다. 중국 고전희곡 연구를 개척한 왕꿔웨이(王國維)의 『송원희곡고(宋元 戱曲考)』가 이 잡극의 발생과 발전을 중심으로 중국 희곡사를 썼다는 것 은, 문학적인 면에서 이 잡극이 대희들 중에서도 가장 뛰어나기 때문이 다. 그러나 민간에는 남쪽에 잡극보다 먼저 생겨난 '희문'이 그대로 유행되고 있었음이 분명하다. 원나라 국력이 기울어지는 만년에 가서는 '희문'이 다시 고개를 들기 시작하고, 명대(1368-1661)에 가서는 그것이 전기(傳奇)로 발전하여 성행하게 된다.

명대의 극작가이면서 희곡이론가인 서위(徐渭, 1521-1593)는 그의 시대의 희곡인 전기(傳奇)에 대하여 『남사서록(南詞敍錄)』에서 이렇게 비판하고 있다.

> 시문(時文)[14]을 가지고 남곡(南曲)을 짓는 일은 원말 명초에는 없던 일이다. 그 폐단은 『향낭기(香囊記)』[15]에서 생겼다. ……『시경』을 익히고 오로지 두시(杜詩)를 배워 마침내는 이 두 책의 말들을 곡(曲) 속에 끌어넣었고, 작품 속의 대화와 독백조차도 문언(文言)으로 짓게 되었고, 또 고사를 흔히 들어 쓰고 대구(對句)도 썼는데 매우 해로운 짓이다.[16]

그리고 그는 여러 곳에서 그의 시대의 전기보다는 원 잡극이 낫다는 말을 하고 있다. 『남사서록』만 보더라도 다음과 같은 말들이 보인다.

> 남곡(傳奇)은 만들기 쉬운데 절묘한 곡이 드물고, 북곡(雜劇)은 어

---

14 時文이란 본시 八股文을 가리키는 말이나 여기서는 騈儷體를 포함하여 형식적인 文言體의 글을 모두 말한다.

15 邵燦(1436?-1455?)의 작품.

16 "以時文爲曲, 元末國初未有也. 其弊起於香囊記. … 習詩經, 專學杜詩, 遂以二書語句入曲中, 賓白亦是文語, 又好用故事, 作對子, 最爲害事."

려운데 훌륭한 것들이 있다.[17]

원대 사람들은 당시를 배워서 역시 글이 천근하지만 아름다웠으며, 사(詞)로부터도 멀리 떨어지지 않았기 때문에 그들의 곡이 절묘했던 것이다.[18]

남곡(전기)에 이르러서는 북곡(잡극)보다도 더 한 등급 아래의 것이 되었다.[19]

오늘의 북곡이 남곡보다 높은 위치인 것은 당연하다.[20]

그러면서도 한편으로 그는 그것이 북쪽 오랑캐의 음악에서 나온 것임을 거듭 지적하고 있다.

지금의 북곡은 요(遼)·금(金) 북쪽 변경의 살벌한 음악이다.[21]

중원 땅을 금·원 두 오랑캐들이 어지럽힌 뒤로 오랑캐 악곡(胡曲)이 성행하게 되었다.[22]

---

17 "南易製, 罕妙曲, 北難製, 乃有佳者."
18 "元人學唐詩, 亦淺近婉媚, 去詞不甚遠, 故曲子絶妙."
19 "至南曲, 又出北曲下一等."
20 "今日北曲, 宜其高於南曲."
21 "今之北曲, 蓋遼金北鄙殺伐之音."
22 "中原自金元二虜猾亂之後, 胡曲盛行."

북곡은, …… 불과 변두리 국경 멀리의 오랑캐들이 위조해서 나온 것이다. 오랑캐들의 음악인데……[23]

서위는 이처럼 한편으로는 원 잡극을 '오랑캐 악곡'이요 '오랑캐들의 음악'이라 말하고 있다.

곧 '대희'란 중국의 전통연극인 '소희'와는 다른 오랑캐화한 음악을 바탕으로 한 희곡임을 뜻하는 것이다. 명대의 전기는 그 오랑캐화한 음악을 바탕으로 다시 귀족화함으로써 더욱 형편없는 연극이 되고 말았다는 것이다.

청대(1661-1911)의 여러 지방의 연극인 지방희(地方戲)와 베이징을 중심으로 이루어져 전국에 유행하게 된 지금의 대표적인 중국 전통연극인 경극(京劇)은 더욱 오랑캐화한 위에 더욱 철저히 귀족화하였으나 한편으로는 크게 대중화가 되기도 하였다. 청나라를 지배한 만주족은 본시 가무를 좋아하여 남송 말엽 원 잡극이 만들어지는 데에도 크게 공헌한 민족이어서 청나라 궁전에서는 초기부터 희곡 연출이 매우 잦았다. 그리고 청나라 임금들은 순치(順治, 1644-1661)·강희(康熙, 1662-1722)·건륭(乾隆, 1736-1795)의 시대 모두 쑤저우(蘇州)와 양저우(揚州)를 중심으로 하는 지방 연극을 구경하고 그 중에서 빼어난 여자 배우들을 궁중으로 데려갔다.[24] 특히 건륭 황제는 희곡을 무척 좋아하여, 지방을 순행할 적에도 특히 양저우 같은 곳에는 여섯 번이나 가서 민간 희반(戲班)의 공연을 구

---

23 "北曲, … 不過出於邊鄙裔夷之僞造耳. 夷狄之音 …."
24 張庚·郭漢城 主編, 『中國戱曲通史』(北京 中國戲劇出版社, 1992), pp. 1149-1190 참조.

경하였으며, 또 많은 희반을 궁정 안으로 불러들여 희곡을 연출케 하였다. 그리고 원나라와 청나라의 왕실이나 귀족들은 역시 문화적으로 질이 낮아서 한족의 일반 대중들도 그 연극을 함께 즐길 수가 있었던 것 같다. 어떻든 지금 와서 경극 같은 중국의 대표적인 전통연극은 13억 인구의 위아래 사람들과 소수민족들까지도 모두가 좋아하는 이 세계에 달리 유례가 없는 대중예술로 널리 공연되고 있음에 주의해야 한다.

청대의 궁전 안에는 삼층으로 지어진 거대한 연극 무대인 대희대(大戲臺)가 자금성(紫金城)·이화원(頤和園)·원명원(圓明園)·열하별궁(熱河別宮) 등 네 곳에 있었다. 뒤 두 곳의 대희대는 불에 타서 지금은 앞의 두 곳에만 남아 있다. 그리고 일반적인 모양보다 더 작은 희대는 자금성에만 10여 개가 더 있다. 이처럼 크고 작은 희대의 모양과 숫자만 보아도 청나라 임금들이 얼마나 연극에 빠져 있었는가 짐작이 갈 것이다.

그리고 이 시대에는 민간경제도 크게 발전하여 소금 장수를 비롯한 거상들의 후원 등에 힘입어 민간에서도 수많은 희대(戲臺)가 지어지고 수많은 희반(戲班)이 조직되어 명배우들이 나와 궁정 취미를 뒤좇았다. 이에 경희와 지방희가 사대부들은 말할 것도 없고 일반 서민들 사이에서도 곳곳에서 크게 성행하게 되었다.

어떻든 이러한 오랑캐화한 '대희'의 성행으로 말미암아 탈놀이가 중심이었던 가무희는 중국에서 거의 사라지는 형편이 되었다. 궁중은 말할 것도 없고 민간에서도 전통적인 연극의 연출 장소였던 여러 고을이나 마을에서 행해지던 묘회(廟會)나 사화(社火)에서까지도 '대희'에 눌려 전통적인 가무희는 사라져 갔던 것이다. 그리고 이 경희와 지방희는 나머지 다른 민간연예에도 영향을 미쳐 모든 종류 연희의 창의 가락을 변화시키고 반주 악기들을 달라지게 하였다.

따라서 중국의 희곡학자들은 본격적인 희곡이라고 생각하는 '대희'의 발전으로 말미암아 옛날에 성행했던 급이 낮은 탈놀이는 자취를 감추게 되었다고 믿게 되었다. 그리고 그들은 배우들의 얼굴 화장도 가면(假面)으로부터 발전하여 얼굴에 짙게 화장을 하는 도면(塗面)이 이루어진 것이라 하였다.

여기에서 중국 학자들의 연극에 대한 개념에 혼란이 생기게 된 것이다.

중국 현대의 나희(儺戲)

중국에서는 근년에 이르러 나희 또는 나문화(儺文化)란 이름 아래 다시 탈놀이 또는 가면극에 대한 관심과 연구가 활발하게 이루어지고 있다. 본시 중국 학자들은 중국의 전통연극이라면 원 잡극·명 전기 및 청대의 경희를 위시한 지방희 같은 이른바 '대희'만을 생각해 왔다. '대희'만이 본격적인 연극이라 여겼기 때문에, 중국 연극사에서 이전의 '가무희'나 '탈놀이'는 그들의 관심으로부터 먼 거리에 있었다. 따라서 연극학자들은 예전에 있던 탈놀이에 대하여 약간의 관심을 가졌다 해도, 그것들은 이미 모두 없어지고 전해지지 않는 것이라 믿고 있었다.

그러다가 근년에 이르러 여러 오지의 민간에 전해지고 있는 탈놀이를 새삼 발견하고는, 그에 대한 연구의 필요성과 그 문화사적 의의가 강조되기 시작하였다. 1987년 가을 중국문련(中國文聯)의 주석(主席)이었던 극작가인 차오위(曹禺, 1910-1997)가 '구이저우민족민간나희면구전(貴州

民族民間儺戲面具展)', 곧 구이저우 지방 탈놀이의 탈 전시회를 보고 나서 이런 말을 하였다 한다.

> 기적이다! 만리장성이 우리의 기적이라면 탈놀이도 우리의 기적이니, 중국에 또 하나의 기적이 많아진 것이다. 이 전람회를 보고 나서 나는 중국의 희극사를 다시 고쳐 써야만 한다고 생각하게 되었다.[25]

희극계 대가의 발언이라 그 영향은 무척 컸던 듯하다. 그들은 이 새로 발견한 탈놀이를 '나희'라 부르면서, 이에 대한 자료를 수집하며 희극·종교·민속 등 여러 방향에서 연구하기 시작하였다. 중국의 '나문화'에 대한 열기는 중국에만 국한되지 않고, 몇 차례의 '나희'에 대한 국제 학술대회를 통하여 널리 밖으로까지 번져, 지금은 타이완·일본을 비롯하여 서양의 중국 문학계에까지도 크게 파급되고 있다.

탈놀이인 '나희'에 관한 논문은 중국에서 1982년에 시작하여 1990년에 이르는 사이 전국에서 간행되는 여러 학술잡지에 400여 편이 넘게 발표되었고, 이에 관한 총서와 전문연구서 및 참고서적들은 1987년에서 1990년 사이에 25종이 나왔다고 한다. 이것은 곧 중국의 '나희'에 관한 연구가 1982년에 시작되었고, 또 '나희'의 연구 열기는 1987년 무렵부터 고조되었음을 뜻하는 것으로 보아도 될 것이다.

---

25 庹修明「中國儺文化發掘展覽與研究成果及意向」(『中國儺戲儺文化專輯』下, 臺北『民俗曲藝』69期, 1991) 의거.

구이저우(貴州) 더찌앙(德江) 나당희(儺堂戲) 개산(開山)의 춤.

　　1986년 구이저우에서 가장 먼저 본격적인 탈과 탈놀이에 관한 자료의 수집과 정리가 시작되었고, 1988년 11월에는 정식으로 중국나희학연구회(中國儺戲學研究會)가 설립되었다고 한다.[26] 타이완(臺灣)의 칭화(淸華)대학 역사연구소에서 왕치우꾸이(王秋桂) 교수 중심으로 편집되어 나온 『중국나희나문화통신(中國儺戲儺文化通訊)』 제1기(1992. 3 간행) 제2기(1993. 6 간행)에는 그 사이 나온 '나희'에 관한 논문·저서·회의·조사보고 등에 관한 자료가 매우 소상히 실려 있다.

---

26 이상, 『中國儺戲儺文化專輯』上, 庹修明의 「前言」 의거.

그리고 왕치우꾸이 교수가 편집을 담당하고 있는 『민속곡예(民俗曲藝)』지[27]에서는 그 동안에 중국에서 발굴된 '나희'에 관한 자료와 연구성과 등을 특집으로 내면서 계속 출판하고 있다. 그리고 그는 따로 이에 관한 전문연구 성과들을 모아 『민속곡예총서(民俗曲藝叢書)』 8집을 내는 등 도합 80종의 책을 출판하고도 있다.

처음에는 구이저우(貴州)·후난(湖南) 지방의 탈놀이인 '나희'가 학자들의 관심을 불러 일으켰으나, 일단 관심을 갖고 조사와 연구를 시작하고 보니 중국의 거의 모든 지방에 '나희'가 전래되고 있음을 확인하게 되었다. 중국의 탈놀이는 그 종류와 성격이 다양하지만, 무엇보다도 지금 우리의 관심을 끄는 것은 그것이 이전의 중국의 정통연극이라 할 수 있는 '가무희'의 중심을 이루어 왔다는 점이다. 이 때문에 차오위(曹禺)도 "중국의 희극사는 다시 써야 한다."고 했을 터이다.

그러나 중국 학자들의 나희를 대하는 태도에는 아직도 문제가 적지 않다. 특히 나희를 연극면에서 다룰 때 그 문제는 심각한 듯하다. 다음에는 이 나희를 연극으로 다룰 때의 문제점에 대하여 검토해 보기로 한다.

중국 학자들의 '나'와 '나희'에 대한 이해

중국에서 옛날 나쁜 귀신을 쫓는 행사였던 '나'가 현재의 탈놀이인 '나희'로 발전한 데 대하여, 중국 나희학회 회장인 취류이(曲六乙)는 다

---

[27] 財團法人施合鄭民俗文化基金會 발행, 2002. 7. 현재 第138期 발행.

시 옛 민간 '나'의 종교적 배경도 무속(巫俗)이었다고 규정하고는 다음
과 같은 설명을 하고 있다.

> 무당이 귀신을 몰아내고 신을 공경하며 나쁜 귀신을 쫓고 불행을
> 물리쳐 재난을 없애고 복이 들어오게 하는 종교적 제사활동을 '나'
> 또는 나제(儺祭)·나의(儺儀)라 부른다. 무당이 부르는 노래와 추는 춤
> 을 나가(儺歌)와 나무(儺舞)라 부른다. '나희'란 바로 나가·나무의 기
> 초 위에 출현한 것이다. '나'로부터 '나희'가 생겨나기 위해서 중국은
> 대단히 긴 세월을 보내야만 하였다. 일반적으로 한족이 사는 지구에
> 유행하는 각종 탈놀이인 '나희' 중에서 가장 빠른 것은 송대에 만들
> 어졌고, 가장 늦은 것이라 하더라도 대략 일이백 년 전이라고 여기고
> 있다. 그러나 그 모체인 '나'는 역사의 흐름과 사회의 발전에 따라서
> 필연적으로 세 가지 중요한 변천을 거쳐야만 하였다. 이 세 가지 변
> 천에다가 다시 또 다른 주관적·객관적 조건과 요인이 보태어져야만
> 비로소 '나희'가 형성될 가능성이 갖추어지게 되는 것이다.

그리고 그는 그 '세 가지 변천'으로써 다음 세 가지를 들고 자세한 설
명을 가하고 있다.
① 사람의 '신화(神化)'로부터 신의 '인화(人化)'로의 변천.
② 신을 즐겁게 하는 것으로부터 인간을 즐겁게 하는 것.
③ 예술의 종교화로부터 종교의 예술화로의 변천.[28]
다시 취류이는 같은 논문에서 '나'로부터 발전하여 이루어진 '나희'의
기본적인 특징에 대하여 다음과 같은 다섯 가지를 들고 자세한 설명을

가하고 있다.

① '나희'는 여러 가지 종교문화의 혼합적인 산물이다.

② '나희'에는 상고시대로부터 근대에 이르는 여러 역사적 시기의 종교문화와 민간예술이 축적되고 침전되어 있다.

③ 탈은 '나희'에서 조형예술(造形藝術)의 중요한 수단이다.

④ 초기 '나희'의 연출자는 대부분 나사(儺師)들이 겸임하였다. 나제(儺祭)를 행하는 중에 희극성을 지닌 인물이 나타날 때 나사(儺師)는 특히 종교와 희극의 두 가지 직분을 겸하였다. 뒤에 와서 연출되는 연극의 종류가 늘어나고 극 속의 인물도 많아지게 되자 적당히 비종교적인 활동을 하는 인원을 흡수하여 참가시키게 되었다.

⑤ 종교는 '나희'의 모체이며, '나희'는 종교의 부속물이어서, 종교는 '나희'에 생명을 부여하고 '나희'는 종교에 활력을 부여하였다.

다시 취류이는 아직 정식 희극으로서의 품격을 갖추지 못하고 저급한 단계에 머물러 있는 '아나희(亞儺戱)'를 제외한 정식 '나희'를 크게 다음과 같은 세 종류로 분류하였다.

첫째, 제사의 의식활동 내용에 속하는 가무의 작은 절목(節目)의 하나로, 후난·구이저우·쓰촨 지방의 '충나(沖儺)'의 제사활동 중의 「출토지(出土地)」·「출개산(出開山)」·「도원동(桃源洞)」·「반사낭(搬師娘)」·「관공목요(關公牧妖)」 등은 '충나' 제사활동의 필수적인 단계이며 과정이다. 이들을 노래하며 춤추는 제사활동에 점차 예술성분이 더 보태져 후에 '나희'

28 이상 曲六乙 「中國各民族儺戱的分類·特徵及其'活化石'價値」(『中國儺文化論文選』, 貴州民族出版社, 所載) 참조.

의 작은 절목을 이루게 된 것이다. 그것들의 특성은 '나희'가 제사와 하나로 뒤섞여 있어서, 그것은 '나희'인 동시에 제사의식이기도 한 것이다.

둘째, 나제(儺祭)활동과 '나희'의 연출이 나뉘어져 행해지는 것으로 앞의 것은 초저녁, 뒤의 것은 밤늦게 진행된다. 초저녁의 제사활동에서 연출되던 「출개산(出開山)」 등은 '음희(陰戲)'라 부르며, 그것은 신령들에게 보이기 위하여 연출된 것이다. 밤늦게 놀이터에서 연출되는 극은 '양희(陽戲)'라 부르며, 그것은 사람들에게 보이기 위하여 연출된 것이다. '양희'의 극종은 대체로 세상의 전설을 제재로 한 것들로 「맹강녀(孟姜女)」·「안안송래(安安送來)」·「유의전서(柳毅傳書)」·「유문룡(劉文龍)」·「포삼낭(鮑三娘)」 같은 것들이 있다. 그 연출 형식면에서는 어느 정도 지방희의 영향을 받고 있다.

셋째, 종교적인 제사와 철에 따른 민속활동과의 연관으로부터 완전히 벗어나 독립적으로 연출이 진행되는 것으로 구이저우 안순(安順) 지방의 여러 아마추어 지방희에서 연출하는 「양가장(楊家將)」·「설가장(薛家將)」·「와강채(瓦岡寨)」와 「삼국희(三國戲)」 같은 것이 있는데, 모두 이미 종교적 제사내용과는 관계없고 그 분위기조차도 없어진 것이다. 예를 들면 후난의 대용시희단(大庸市戲團) 같은 경우로, 그들은 일찍이 종교적 제사활동으로부터 완전히 이탈하여, 그들이 연출하는 여러 가지 나희의 종목은 그 지방의 희곡극단이 연출하는 것들과 거의 같은 내용의 것이 되고 말았다.

이상은 현대 중국 학자들의 탈과 탈놀이인 '나희'에 대한 연극사적인 이해를 대표한다고 할 수 있는 이론이다.

이상을 종합하면 '나'를 지나치게 무속과 결부시켜 이해하고 있는 듯하다. '나'에 대하여 가장 오래된 본격적인 기록을 남기고 있는 『주례』와 『예기』 같은 경전들의 종교적인 분위기는 무속과는 다른 것이며, 현대의 중국 나희도 무속보다는 다른 종교의 영향 아래 행해지는 것들이 더 많다고 할 수 있다.

다시 '나희' 중에 가장 빠른 건 송대에 이루어졌다 하였는데, '나희'를 탈놀이로 본다면 옛날부터 '나희'가 있었다. 『초사(楚辭)』의 구가(九歌)만 하더라도 이는 '무'의 노래인데[29] 신무(神巫)와 제무(祭巫)가 함께 춤을 추면서 창을 주고받고 하는 것들이며[30] 이때 신을 상징하는 무당들은 탈을 썼을 가능성이 짙다.

『예기』악기(樂記)에는 공자가 제자인 자공(子貢)과 사(蜡)의 행사를 구경하는 이야기가 실려 있는데[31], 이때 자공은 "온 나라 사람들이 모두 미친 것 같다"고 평하고 있다. 앞에서 이 사제(蜡祭)도 탈놀이였을 가능성을 지적했거니와 "온 나라 사람들이 미친 것 같다"면 이미 민간에서는 제의가 아니라 놀이가 되어 있는 것이다. 그렇다면 민간의 '나'도 선진(先秦)시대에 이미 '나희'로 발전하였을 것이다.

한대의 평악관(平樂觀)에서 연출된 총회선창(總會仙倡)·어룡만연(魚龍蔓延)·동해황공(東海黃公) 등도 모두 탈놀이임이 분명한 것이다. 그리고 남북조시대에는 탈놀이가 분명한 문강기(文康伎)·상운악(上雲樂) 등이 있었으며, 당대에까지도 상연된 난릉왕(蘭陵王)·답요낭(踏搖娘)·서량기(西涼伎) 등이 모두 탈놀이이다.

---

29 王逸 『楚辭章句』 九歌序, 朱熹 『楚辭集註』 九歌序.
30 日本 青木正兒 「楚辭 九歌의 巫曲의 結構」(『支那文學藝術考』 所載).
31 『孔子家語』 卷7 觀鄉射편에도 비슷한 기록이 보임.

구이저우(貴州) 안순(安順)의 지희(地戱) 공연 모습.

그보다도 가장 큰 문제는 중국 학자들의 '나희'에 대한 개념이다. 앞에서 취류이는 '나희'를 분류하면서 "아직 정식 희극으로서의 품격을 갖추지 못하고 저급의 단계에 머물러 있는" 아나희(亞儺戲)를 제외하고, 첫째 충나(沖儺)의 제사활동 중에 연출하는 작은 절목(節目)의 나희, 둘째 나제활동과는 떨어져 전설이나 역사 이야기를 연출하는 신을 위한 음희(陰戲)와 사람들을 위한 양희(陽戲), 셋째 제사와 관계없이 극단에 의하여 제대로 된 연극 종목을 연출하는 것, 등의 세 가지로 나누고 있다. 곧 그들의 생각으로는 탈을 썼다 하더라도 자기네 '경희' 같은 연극 형식으로 제대로 이야기를 연출하지 않으면 '나희'라 볼 수 없다는 것이다.

이는 다분히 그들 지방희의 영향을 받은 것이다. 탈조차도 구이저우 안순(安順)의 지희(地戲) 탈놀이 같은 것은 분명히 지방희의 검보(臉譜)와 머리 분장의 영향을 받은 것이지만, 그들은 그런 사실을 의식하지 못하고 있다.

퉈슈밍(庹修明)이 「나희의 유포와 유형 및 특징」이란 논문[32]에서 '나희'의 개념상의 혼란을 줄이기 위해서는 나희의 '기원'·'발전'·'형성'·'성숙'에 대한 개념을 정의하는 것이 필요하다고 주장하고 있다. 이 중 '기원'은 나례임에 토론의 여지가 없다고 하면서, 다시 나희의 종류는 나머지 세 종류가 된다 하였다. 여기에서 '발전기'의 나희는 대체로 취류이가 말하는 '아나희'일 것이며, 원시무속이 나희의 형태로 나아가는 과도기적인 면모를 보유한 것이라 하였다. '형성기'의 나희는 취류이가 앞

---

32 庹修明 「儺戲的流布, 類型與特徵」 (張子偉 主編 『中國儺』, 湖南師範大出版社, 1994 所載).

에서 지적한 첫째·둘째의 것으로, 현존하는 나희의 80% 이상을 차지하는 핵심을 이루는 것들이라 하고 있다. 그리고 '성숙기'의 나희는 취류이가 말한 셋째 단계의 것으로 완전한 연극형태를 갖춘 나희 발전의 고급 단계의 것이라는 것이다.

이상 중국의 나희를 연극 방향에서 연구하는 학자들 사이에는 아직도 나희에 대한 기본 개념 자체에 문제가 적지 않다. 이들은 아직 탈놀이의 성격과 개념 및 그 가치 등에 대하여 많은 혼란을 일으키고 있다. 더구나 구체적인 고사를 중시하는 태도는 나희뿐만이 아니라 노래와 춤으로 연출되는 중국 전통연극에 대한 개념 자체에도 문제가 있는 것이다.

곧 이야기를 노래와 춤으로 연출할 때 그 이야기는 연출의 실마리가 되고 있을 따름인 것이다. 경희나 지방희에서도 그 연출되는 연극 종목을 보면 그 이야기 줄거리는 중국 사람이면 거의 누구나가 다 아는 역사적 사실이거나 전설 등이다. '대희'에서도 고사는 무시되고 있는 것이다. 그리고 한 작품 전체가 연출되는 경우는 극히 드물고, 작품의 한 대목만을 연출하는 절자희(折子戱)의 공연이 성행하고 있는 것도 그 때문이다.

'대희'의 영향 등으로 말미암은 그릇된 생각을 버리고, '아나희'와 '발전기'의 나희를 좀 더 존중하여야만 비로소 올바른 나희 연구가 가능하게 되리라 믿는다. 오히려 이미 완전한 그들의 연극 형태를 갖춘 '나희'는 엄격한 의미에서 '나희'도 아니려니와 탈놀이도 아닌 것이다.

중국 연극사에서 탈놀이의 의의를 올바로 인식해야만 '나희'의 연구도 본궤도에 오를 수가 있다고 믿는다. 탈놀이는 진실한 전통적인 중국 연극사의 중심을 이루고 있음을 명심해야 할 것이다. 그리고 나희는 가난하고 신분이 낮은 백성들이 종교의식을 겸하여 함께 즐기던 중국 민간연예의 주종을 이루던 연극이었다.

6
중국의 서민연예 설창(說唱)

들어가는 말

　중국의 한자로 이루어진 문장은 우리가 아는 한 산문이라는 것도 모두 운문에 가까운 글들이다. 필자는 「중국 고적(古籍)의 또 다른 성격에 대하여」란 글[1]에서 『서경(書經)』을 비롯한 중국의 옛날 고적들은 현가(絃歌) 송독(誦讀)되던 후세의 설서(說書)의 대본 같은 성격을 띤 것이었음을 밝힌 바 있다. '설서'는 '설창(說唱)'과 거의 같은 말이다. 설서도 설창이나 마찬가지로 연예인이 창(唱)과 사설(辭說)을 엇섞어가면서 일정한 애기를 관중 앞에 연출하는 형식의 민간연예이다.

1　김학주 『중국 문학사론』 1장 4절, 서울대학교출판부, 2001. 9, pp. 61-94.

중국 문학사상 본격적인 소설이나 희곡은 남송(南宋, 1127-1279) 이후에나 생겨난 것이고 이전에는 소설도 희곡도 존재하지 않았다고 보는 견해가 일반적이다. 그러나 중국의 옛 시가 실은 모두 노래의 가사이고, 국풍(國風)이나 악부(樂府)가 보여 주는 것처럼 그 시들은 본시 서민들의 노래에서 나온 것이라는 것을 부정하는 사람은 없다. 그런데 중국 시는 서정시가 그 중심을 이루고 있다. 장편 서사시

천회산(天回山) 기슭의 묘에서 나온 송(宋)대의 설창용(說唱俑).

는 찾아보기 어려울 정도이다. 그렇다면 옛날 중국에는 소설이나 희곡이 없었다는 것은 중국의 민간인들은 서정적인 노래만 부를 줄 알았지 전설이나 역사적 사실 같은 것에 대한 관심은 없었다는 말이 된다. 그러나 필자는 옛날부터 중국의 민간에도 신화나 전설 및 역사 이야기를 바탕으로 한 서사연예(敍事演藝)가 어떤 형식으로든 성행하였다고 믿는다.

따라서 이 소론에서는 우선 옛날에도 중국에 소설과 희곡이 있었다는 것을 증명할 것이다.[2] 그리고 소설은 중국 민간에서는 설창 형식으로 유행하였고, 중국 고대 전통사회에서의 서사연예는 설창이 그 중심을

---

2 중국 고대의 희곡에 대하여는 김학주의 『중국고대의 가무희』(서울 명문당, 2001. 10. 개정증보판)에 논의를 미룬다.

이루고 있었음을 밝히려 한다.

중국 고대의 설창

왕꿔웨이(王國維, 1877-1927)가 『송원희곡고(宋元戲曲考)』 첫 장에서 중국 희곡의 기원을 무(巫)에서 찾으면서 그 자료로 『초사(楚辭)』 「구가(九歌)」를 인용한 이래, 특히 「구가」는 일반적으로 신을 대신하는 신무(神巫)와 신에게 일정한 사람의 소원을 이루어 주기를 부탁하는 축무(祝巫)가 함께 춤을 추면서 불렀던 노래의 가사로 풀이하고 있다.[3] 대체로 「구가」를 무당들이 굿을 하면서 가무극의 형식으로 연출하던 것으로 보는 것이다. 그리고 굴원(屈原, B.C. 343?-B.C. 285?)의 이름 아래 전하는 『초사』의 다른 작품들도 연극적인 성격은 「구가」보다 약하다 하더라도 모두가 '무'가 부르던 노래임에 틀림없는 것들이다.[4]

실상 『초사』란 한부(漢賦) 또는 사부(辭賦)와 형식이나 내용 모두 완전히 같은 것이다. 그렇다면 널리 부(賦)라고 부르는 이들 문체가 모두 '무'가 굿을 할 적에 부르던 노래에서 나온 것이라 할 수 있다. 그런데 이들 한(漢) 초의 부 작품들을 보면 산문과 운문이 엇섞여 이루어진 설창 형식의 것들이 대부분이다. 물론 운문체로만 이루어진 작품도 있고,

---

3 일본 青木正兒 「楚辭 九歌의 舞曲的인 構成」(『支那文學藝術考』 文學考 소재) 및 聞一多 『九歌新編』 등.
4 김인호 『巫와 중국 문학』(서울 民俗苑, 2001. 5), 『巫와 中國文化와 經典著書』(서울 民俗苑, 2001. 5) 및 『楚辭와 巫俗』(서울 新雅社, 2001. 7) 참조.

산문체로만 전편이 이루어진 것도 있다.

예를 들어 굴원의 제자라는 송옥(宋玉, B.C. 290?-B.C. 223?)의 작품 형식을 따져보기로 하자. 『초사』에 실린 「구변(九辯)」과 「초혼(招魂)」만이 전편 운문이라 할 수 있고, 「고당부(高唐賦)」·「신녀부(神女賦)」(『文選』 소재)·「무부(舞賦)」(『古文苑』 소재)는 반은 산문 반은 운문의 형식인데 앞의 서(序)라고 볼 수 있는 부분만이 산문으로 된 문답체(問答體)이고 본문 부분은 운문으로 되어 있다. 운문 산문이 뒤섞인 작품 중에 「대언부(大言賦)」와 「소언부(小言賦)」(『古文苑』 소재)는 전체가 문답으로 되어 있는 데, 묻는 말은 산문이고 대답하는 말은 운문이다. 그리고 「풍부(風賦)」·「대초왕문(對楚王問)」(『文選』 소재)과 「조부(釣賦)」(『古文苑』 소재)는 전편이 산문체의 문답으로 되어 있으며, 「등도자호색부(登徒子好色賦)」(『文選』 소재)는 '시왈(詩曰)' 하고 읊은 두 대목만이 운문이다

다시 소통(蕭統, 501-531)의 『문선』에 실린 한나라 초기의 대가인 가의(賈誼, B.C. 200-B.C. 168)와 사마상여(司馬相如, B.C. 179?-B.C. 117)의 작품을 보더라도 모두 대화체를 바탕으로 하는 산문과 운문을 섞어 쓴 형식의 것들이다. 이것은 후세 설창의 대본의 양상과 같은 것이다. 예를 들면 당(唐)대의 속강(俗講)을 대표하는 둔황(敦煌)에서 나온 변문(變文)을 보더라도 기본적으로는 운문과 산문을 섞어 쓴 설창의 형식이지만, 또 운문으로만 쓰여진 작품과 산문으로만 쓰여진 작품도 적지 않게 들어 있다. '시(詩)'의 육의(六義)'에서 나온 부(賦)는 본시부터가 설창 형식의 문체를 뜻하는 말이었을 가능성이 많다.

『순자(荀子)』를 보면 제18권은 다른 부분과는 다른 운문체의 글로 쓰여진 제25 「성상(成相)」편과 제26 「부(賦)」편이다. '성상'의 상(相)이란

말에 대한 해설은 학자에 따라 차이가 있지만 거의 모두가 민간에서 일하면서 부르던 노동요(勞動謠)라는 데에는 의견이 일치하고 있다. 특히 유월(兪樾, 1821-1906)이 절구질을 하면서 부르던 노래라고 한 해설이 그럴듯하다.[5] 순자(B.C. 298?-B.C. 238?)는 민간의 노동요의 형식을 빌려 유가의 윤리를 설교하는 이 글을 썼던 것이다.

특히 노문초(盧文弨, 1717-1795)는 '성상'이란 말뜻을 해설하고 나서 다시 그 뜻을 다음과 같이 부연 설명하고 있다.

> 이 편의 음절을 살펴보면 바로 후세 탄사(彈詞)의 조상이다. 편 앞머리에 '장님에게 상(相)이 없다면 얼마나 허전한 일이겠는가?(如瞽無相, 何倀倀?)'라고 하였으니, 그것은 분명한 사실이다. 첫 구절의 '청성상(請成相)'이라는 말은 '이 곡을 연주합시다.'라는 뜻이다.

「성상」편은 민간의 설창 형식을 응용한 글이라는 것이다.[6]

「부」편에서는 예의(禮)·지혜(知)·구름(雲)·누에(蠶)·바늘(箴) 다섯 가지에 대하여 읊은 뒤 천하가 제대로 다스려지지 않고 있는 실상을 노래한 '궤시(佹詩)'가 한 편 덧붙여져 있다. 여기의 「부」편은 운문이면서도 대화의 형식을 빌려, 수수께끼 식으로 각각 앞에서 그 물건의 특징과 원리 등을 이야기하면 그 말을 받아 그 물건의 원리를 풀면서 그 물건의 실체를 알아맞히는 형식으로 되어 있다. '궤시'는 앞머리에 "천하가 다

---

5 兪樾 『荀子集解』.
6 『荀子集解』에서 인용.

스려지지 않고 있는 것을 궤시로 한번 읊어보세(天下不治, 請陳倔詩.)."라는 말을 받아 궤시를 읊고, 끝머리에서 "어리석은 자에게는 아직도 의심이 가시지 않았으니, 반복해서 읊는 것을 더 들어보고 싶소(與愚以疑, 願聞反辭.)."라는 말을 하자 이를 받아 다시 소가(小歌)를 읊고 있다. 어떻든 '부'뿐만이 아니라 함께 실린 '궤시'도 설창 형식의 글이다.

반고(班固, 32-92)의 『한서(漢書)』「예문지(藝文志)」시부략(詩賦略)을 보면 굴원부(屈原賦) 계열에 20가(家), 육가부(陸賈賦) 계열에 21가, 손경부(孫卿賦)[7] 계열에 25가, 잡부(雜賦) 계열에 12가로 이전의 '부' 작가들을 분류하여 배열하고 있는데, 이는 설창으로 연출할 적의 연창(演唱) 방식의 차이를 근거로 이런 분류를 한 것인지도 모른다. 그리고 '손경부'는 10편이라고 했는데, 그 속에 『순자』「부」편의 작품도 포함되어 있을 것이다.

한대에 와서 문인들이 제왕이나 귀족들의 비위를 맞추기 위하여 부를 짓기 시작하면서, '부'는 점차 설창의 성격을 잃어갔다. 그러나 장형(張衡, 78-139)의 「촉루부(髑髏賦)」, 채옹(蔡邕, 133-192)의 「단인부(短人賦)」, 조직(曹植, 192-232)의 「요작부(鷦雀賦)」 등에는 어느 정도 설창의 전통이 남아 있기도 하다. 그보다도 『초학기(初學記)』 권19에 인용된 유밀(劉謐)의 『방랑부(龐郎賦)』는 첫머리를 다음과 같이 시작하고 있다.

좌상의 여러 군자들은 각각 귀를 기울여 들으시오. 내가 지은 문장인 이 하간(河間)의 일을 사설하는 것을 들으시오!

---

7 荀子의 이름은 況, 荀卿이라고도 불렸는데, 한(漢)대 이후로는 선제(宣帝)의 이름을 휘하여 孫卿이라 흔히 부르게 되었다. 혹 그가 郈나라 公孫氏 집안이어서 孫卿이라 부르기도 한다고 주장하는 이도 있다.

坐上諸君子, 各各明耳聽. 聽我作文章, 說此河間事.

　이는 분명히 후세까지도 '부'가 설창되었다는 것을 증명해 주는 자료이다.

　다시 당대의 속부(俗賦)가 둔황(敦煌)에서 나온 두루마리 속에서 여러 편이 발견됨으로써 민간에서는 '부'가 후세까지도 계속 설창 형식으로 전승되었음이 밝혀졌다. 「안자부(晏子賦)」·「한붕부(韓朋賦)」·「연자부(燕子賦)」·「다주론(茶酒論)」 등이 그 대표적인 작품들이다. 이것들은 작품에 따라 문장 형식은 약간 서로 다르나 모두가 분명한 설창 형식의 글들이어서, 그 시대 민간의 설창 대본이라 여겨진다. 예를 들면 「연자부」의 첫머리가 이렇게 시작되고 있다.

　　이 노래는 스스로 잘 들어맞아,
　　천하에 이보다 더한 것이란 없다네.
　　참새와 제비가
　　함께 「개원가」를 지어 부르네.

　　此歌身自合, 天下更無過.
　　雀兒和燕子, 合作開元歌.

　「연자부」에서는 참새와 제비로 분장한 두 사람이 등장하여 함께 당나라 현종(玄宗) 때의 개원(開元) 연간(713-741)의 일을 창하겠다는 것이다. 이상을 보면 '속부'는 당대에 유행한 여러 가지 속강(俗講) 중의 일종이었음을 알 수 있다. 『시경』의 시들은 서정시가 대부분이지만 그 중에는 서사시들도 섞여 있음은 이미 많은 학자들이 지적한 바이다. 그뿐만이 아니라 여러 편의 시들로 한 가지 이야기를 노래한 조곡(組曲)이었다고 생각되는 시들도 적지 않다. 보기를 들면 왕꿔웨이(王國維)는 「주대무악장고(周大武樂章考)」[8]에서 주송(周頌) 중의 「호천유성명(昊天有成命)」·「무(武)」·「작(酌)」·「환(桓)」·「뢰(賚)」·「반(般)」의 여섯 편을 주 무왕(武王)의 음악인 대무(大武)에서 노래 부르던 악장이라 하였다.[9]

그 밖에 특히 서한(西漢) 초의 『시경』을 해설한 학자들, 곧 『모시(毛詩)』와 삼가시(三家詩)의 작자들은 『시경』의 대부분의 시들을 일정한 사람들의 애기와 연관시켜 해설하고 있다. 곧 모시서(毛詩序)를 보면 주남(周南) 11편의 시들을 모두 '후비(后妃)'의 일에 연관시켜 대의를 해설하고 있고, 소남(召南) 14편의 시들은 모두 대부(大夫) 부인(夫人)의 일과 연관시켜 대의를 해설하고 있으며, 빈풍(豳風)의 7편은 모두 주공(周公)의 일과 연관시켜 대의를 해설하고 있다.

그 밖에도 위풍(衛風)[10]의 녹의(綠衣)·연연(燕燕)·일월(日月)·종풍(終風)·격고(擊鼓)·고반(考槃)·석인(碩人) 등 여러 편의 해설에는 위나라 장공(莊公)의 부인인 장강(莊姜)과 대규(戴嬀) 및 완(完, 곧 桓公)과 주우(州吁)의 이야기도 함께 뒤섞여 나온다. 이러한 보기는 『시경』 전체에 걸친 현상이라 일일이 예를 들 수도 없다.[11]

---

8 『觀堂集林』卷2 소재.
9 明 何楷는 『詩經世本古義』에서 「昊天有成命」 대신 「時邁」를 넣고 그 순서도 달리하고 있다.
10 邶風과 鄘風 포함.
11 김학주 「西漢 학자들의 『시경(詩經)』 해설에 대한 새로운 이해」(『중국 문학사론』, 서울대학교출판부, 2001. 9. 소재) 참고 바람.

일본 학자 메카다 마코토(目加田誠)는『시경』을 번역하면서[12] 주송(周頌) 첫머리의 세 수는 공축(工祝, 巫)과 문왕(文王)의 시(尸, 神保)가 주고받은 노래의 가사로서,「유천지명(維天之命)」은 공축이 노래한 것이고,「청묘(淸廟)」는 그에 대한 답가로 부른 노래이며,「유청(維淸)」은 다시 공축이 그 노래에 대하여 화답(和答)하는 뜻으로 부른 노래인 것 같다고 하였다.

지금은 '시의 육의'의 이해에서, 일반적으로 풍(風)·아(雅)·송(頌)은 시체(詩體)이고, 부(賦)·비(比)·흥(興)은 시의 표현방식이라 설명되고 있다. 그러나 저우처숭(周策縱)이 말한 것처럼, 그렇게 성격이 다른 것들이라면 옛 사람들이 이들을 합쳐 '시의 육의'라 불렀을 리가 없다. 부·비·흥까지도 모두가 시체를 뜻하는 말이었을 가능성이 많다.[13] 그리고 앞의 논의를 종합할 때에 특히 '부'라는 문체는『시경』에서도 서사적인 설창체의 글을 가리키는 말이 아니었을까 여겨진다.

중국 학자들이 옛날의 사서(史書)라고 하는『서경(書經)』·『좌전(左傳)』·『국어(國語)』·『전국책(戰國策)』 등은 실은 역사적인 사실의 기록이 아니라 대부분이 허구적인 이야기로 되어 있다. 일찍이 필자는「소설사 자료로서의『서경』」[14]에서『서경』의 요전(堯典)과 주서(周書) 금등(金縢)편을 중심으로 하여 그 사실을 밝힌 바 있다.

곧 민간에서 설창(說唱)되던 것들을 바탕으로 하여 그것을 다시 정리하여 기록한 것이 그러한 옛날의 역사책들이라는 것이다. 말하자면『서

12 『中國文學大系』15, 平凡社, 1969.
13 周策縱『古巫醫與「六詩」考』, 臺北 聯經出版事業公司, 1986.
14 김학주『중국 문학사론』1장 2절, 서울대출판부, 2001. 9. 소재.

경』주서의 「금등」편은 주공(周公)의 이야기를 설창하던 내용을 바탕으로 하여 쓰인 글이라는 뜻이다. 거기에는 『시경』빈풍(豳風)의 「치효(鴟鴞)」 한 편이 중간에 인용되고 있지만, 『모전(毛傳)』에서는 빈풍의 7편의 시들을 본문에는 한 마디의 관련이 되는 말도 없는 시까지도 모두 주공과의 관련 아래 그 대의를 해설하고 있다. 예를 들면 첫 번째 「칠월(七月)」시는 중국 농촌의 세시풍속(歲時風俗)을 노래한 내용인데도 『모전』에서는 다음과 같이 시의 대의를 풀이하고 있다.

> 「칠월」은 왕업(王業)을 읊은 것이다. 주공이 변고를 당하고 나서, 주나라 선조인 후직(后稷)과 선공(先公)의 교화(教化)가 이루어 놓은 결과를 읊음으로써 왕업을 이루는 것이 어렵다는 것을 알린 것이다.[15]

그러니 대체로 『시경』의 빈풍시 7편은 『서경』의 주서 「금등」편 이야기를 설창할 때에 부르던 노래들을 모아 놓은 것인 듯하다. 다만 시의 내용에서 볼 적에 빈풍 7편의 시들은 「금등」편 이야기의 설창 순서와는 정반대로 배열되어 있는 듯하다.

이러한 성격은 한(漢) 위진(魏晉)·남북조(南北朝)의 악부시(樂府詩)로 고스란히 전승되었다. 서릉(徐陵, 507-583)의 『옥대신영(玉臺新詠)』권1의 고시팔수(古詩八首) 중의 제6수는 다음과 같은 서두로 시작되고 있다.

---

15 "七月, 陳王業也. 周公遭變故, 陳后稷先公風化之所由, 致王業之艱難也."

사방 자리에 계신 분들 시끄럽게 떠들지 말고,

내 노래 한 마디 들어보소!

동으로 만든 향로 이야기 하리니,

높다란 모습은 남산 같고

윗가지는 소나무와 잣나무인데

아래 뿌리는 동판에 서려 있다오.

西座且莫諠, 願聽歌一言.

請說銅鑪器, 崔嵬象南山.

上枝以松栢, 下根據銅盤.

이에 대하여 량치차오(梁啓超, 1873-1929)는 이러한 설명을 하고 있다.

　　바로 조덕린(趙德麟)의 「상조접련화서(商調蝶戀花序)」에서 "노래꾼
의 수고를 뒷받침하기 위하여 먼저 가락을 고른 다음 뒤에 하는 얘
기 들어보소(奉勞歌伴, 先調格調, 後聽蕪詞.)."라고 한 말이나, 북관별서
주인(北觀別墅主人)의 「과양력대고서인백(誇陽歷大鼓書引白)」에서 "현
악기 줄을 팅기면서 이번 회를 노래하겠소(把絲鉉兒彈起來就唱這回.)."
라고 한 말과 같다. 모두가 노래하는 사람이 청중들에게 시작을 알
리는 말이다.[16]

---

16 余冠英 『樂府詩選』 序文에서 인용.

앞의 「상조접련화」 고자사(鼓子詞)나 뒤의 대고서(大鼓書) 모두 옛 중국의 대표적인 설창(說唱)이니, 량치차오는 이 고시를 본시는 설창하던 것으로 본 것이다.

한대의 악부시 중에서도 특히 가행(歌行) 종류에는 동문행(東門行)·서문행(西門行)·고아행(孤兒行)·부병행(婦病行)·상봉행(相逢行)·맥상상(陌上桑) 등 이야기를 노래한 서사적인 시들이 대부분이다. 그리고 위진남북조의 악부시에도 「상운악(上雲樂)」·「고시위초중경처작(古詩爲焦仲卿妻作)」 등 서사적인 시들이 적지 않다. 그러니 중국의 민간에는 설창이 계속 유행하여 그 일부가 악부시로도 전해지고 있음을 알게 된다.

결국 중국의 전통문학은 시를 중심으로 발전하여 왔는데, 그것은 민간에 유행하던 노래가 그 바탕을 이루고 있었음을 뜻한다. 그리고 여러 가지 이야기도 노래를 중심으로 하면서 해설이 보태지는 형식으로 연출되었다. 곧 민간의 서사연예는 설창이 중심이었으며, 그리고 다시 연극 형식으로도 발전하였다. 따라서 이것은 중국 고대에도 시와 함께 소설과 희곡도 존재하였음을 뜻하게 된다. 다만 그것들은 주로 노래와 춤을 통해서 연출되었기 때문에, 근대적인 의미의 소설이나 희곡과는 다른 형식과 성격을 지니고 있었을 뿐이다. 그리고 서사연예는 주로 민간에서 연출되어 이른바 대아지당(大雅之堂)에 오를 수가 없었으므로, 중국의 전통문학이나 전통문화로서 제대로 대우를 받지 못했을 따름이다. 그러나 가난한 백성들이 즐기던 '설창'은 결국 중국 시를 비롯하여 소설과 희곡을 포함하는 전통문학의 바탕이 되었던 것이다.

대희(大戲)와 설창

중국의 전통연극이란 가무희(歌舞戲)를 중심으로 하는 이른바 소회(小戲)였는데, 북송(北宋) 말년(1127)을 전후하여 갑자기 대희(大戲)가 나타나 크게 유행하기 시작한다. 이 중 가장 먼저 생겨난 것은 희문(戲文, 또는 南戲)이라 하는데, 이 희문은 민간에 크게 유행하기 전에 바로 뒤에 생겨난 원(元) 잡극(雜劇)에 눌리게 된다. 그러나 원나라의 국력이 약해지자 만년에는 다시 '희문'이 유행하기 시작한다. 그리고 그 '희문'은 명(明)나라로 들어가서는 전기(傳奇)로 크게 발전을 하게 된다.

원 잡극은 실은 금(金)나라(1115-1234)와 원나라 이전의 몽골(蒙古, 1188-1205)에서 이루어져 유행을 하다가 그 성행을 원나라(1206-1368)에 물려준 것이다. 중국 고전희곡 연구를 개척한 왕꿔웨이(王國維)의 『송원희곡고(宋元戲曲考)』가 이 잡극의 발생과 발전을 중심으로 쓰인 것은, 문학적인 면에서 이 잡극이 대희들 중에서도 가장 뛰어나기 때문이다.

명대의 극작가이면서 희곡이론가인 서위(徐渭, 1521-1593)는 그의 시대의 희곡인 전기(傳奇)에 대하여 『남사서록(南詞敍錄)』에서 이렇게 비판하고 있다.

시문(時文)[17]을 가지고 남곡(南曲)을 짓는 일은 원말 명초에는 없던 일이다. 그 폐단은 『향낭기』[18]에서 생겨났다. …… 『시경』을 익히

---

17 時文이란 본시 八股文을 가리키는 말이나 연기서는 騈儷體를 포함하여 형식적인 文言體의 글을 모두 포괄하는 말이다.
18 邵燦(1436-1455에 활약한 사람)의 작품

고 오로지 두시(杜詩)를 배워 마침내는 이 두 책의 말들을 곡(曲) 속에 끌어넣어, 빈백(賓白)조차도 문언으로 짓게 되었고, 또 고사를 흔히 쓰고 대구(對句)도 썼는데 가장 해로운 짓이다.[19]

그리고 그는 여러 곳에서 그의 시대의 전기보다는 원 잡극이 낫다는 말을 하고 있다. 그의 『남사서록』에는 이런 말도 보인다.

원대 사람들은 당시를 배워서 역시 글이 천근하지만 아름다웠으며, 사(詞)로부터도 멀리 떨어지지 않았기 때문에 그들의 곡이 절묘했던 것이다.[20]

그러면서도 한편으로는 그것이 북쪽 오랑캐의 음악에서 나온 것임을 거듭 지적하고 있다.

지금의 북곡은 요(遼)·금(金) 북쪽 변경의 살벌한 음악이다.[21]

중원을 금(金)·원(元) 두 오랑캐들이 어지럽힌 뒤로 오랑캐 곡(曲)이 성행하게 되었다.[22]

---

19 "以時文爲曲, 元末國初未有也. 其弊起於香囊記. … 習詩經 專學杜詩, 遂以二書語句入曲中, 賓白亦是文語, 又好用故事, 作對子, 最爲害事."
20 "元人學唐詩, 亦淺近婉媚, 去詞不甚遠, 故曲子絶妙."
21 "今之北曲, 蓋遼金北鄙殺伐之音."
22 "中原自金元二虜滑亂之後, 胡曲盛行."

원 잡극을 '오랑캐 곡(曲)'이요 '오랑캐들의 음악'이라 말하고 있다.

곧 '대희'란 중국의 전통연극인 '소희'와는 다른 오랑캐들의 음악을 바탕으로 하여 발전한 것이라는 뜻이다. 명대의 '전기'는 오랑캐 음악에서 나온 '희문'으로부터 발전한 것인데, 명나라에 와서는 한족(漢族) 사대부들이 연극이 무엇인지도 모르면서 자기네 문학 전통을 살리려고 하다가 더욱 망가뜨려서 잡극보다도 더 형편없는 것이 된 것이다. 앞에 인용한 것처럼 서위가 "『시경』을 익히고 오로지 두시(杜詩)를 배워 마침내는 이 두 책의 말들을 곡(曲) 속에 끌어넣어, 빈백(賓白)조차도 문언으로 짓게 되었고, 또 고사(故事)를 흔히 쓰고 대구(對句)도 썼다."고 한 것은 명나라 한족 지식인들의 그러한 행위를 설명한 말이다.

청(淸)대의 지방희(地方戱)와 경극(京劇)은 그 음악이나 연출 분위기가 더욱 오랑캐화한 것이다. 청나라를 지배한 만주족은 본시 가무(歌舞)를 좋아하여 청나라 궁전에서는 초기부터 희곡이 연출되었다. 그리고 수많은 지방의 여우(女優)들을 궁중으로 불러들였다.[23] 이른바 이들의 종합 호칭인 '난탄(亂彈)'은 본격적인 희곡 연출 기구인 남부(南府)가 설치된 강희(1662-1722) 후기에 이루어졌다고 한다. 특히 건륭(乾隆) 황제(1736-1795 재위)는 희곡을 무척 좋아하여, 지방을 순행할 적에도 민간의 희반(戱班)이 천자의 부름을 받아 천자의 앞에 나와 연출을 하였으며, 또 많은 희반들을 황제의 궁전 안으로 불러들여 희곡을 연출케 하였다. 궁정 안의 희곡기구를 크게 확장하였으나 그래도 모자라 민간의 희반들을 더 불러들였던 것이다.

---

23 張庚·郭漢城 主編 『中國戲曲通史』(北京 中國戱劇出版社, 1992), PP. 1149-1190 참조.

그리고 이 시대에는 민간경제도 크게 발전하여 염상(鹽商)을 비롯한 거상(巨商)들의 후원 등에 힘입어 민간에도 수많은 희대(戲臺)가 지어지고, 수많은 희반이 조직되었으며, 명배우들이 나와 궁정 취미를 뒤좇았다. 이에 경희와 지방희가 중국 각지에 크게 성행하게 되었지만, 문제는 이것들이 더욱 심각하게 오랑캐 풍의 것으로 발전하였다는 것이다.

본시 중국의 전통사회에서는 노래와 설창과 희곡이 같은 성격의 것이어서, 상호 밀접한 영향 아래 발전하여 왔다. 따라서 원 잡극만 보더라도 중국 학자들은 본격적인 연극의 시작이라 하지만, 그 내용을 자세히 따져보면 설창과 큰 차이가 없다. 잡극도 설창이나 마찬가지로 정말(正末: 원대 잡극에서의 남자 배역. 명대 이후 희극에서의 생(生)에 해당.)이나 정단(正旦: 중국 경극에서 어진 어머니나 절개 있는 여자로 분장하는 주연급 남성 연기자.) 한 사람만이 노래 부르고, 창을 하는 사람 이외에는 등장인물도 몇 명 되지 않고, 등장한다 하더라도 하는 역할이 미미하다. 아래에 보기를 들어 본다.

백박(白樸, 1226-1285?)의 「오동우(梧桐雨)」 제4절(折)을 보면, 황제 자리를 아들에게 물려준 정말(正末)인 현종(玄宗)이 시종 홀로 궁전에서 외로이 사랑하는 양귀비(楊貴妃)의 초상화를 걸어놓고 20여 곡의 그리움의 노래를 부르는 내용이다. 노래를 서너 곡 부르고는 간간이 "갑자기 졸음이 오니 잠이나 한 숨 자볼까?" 하는 식의 독백이 낄 뿐이며, 잠든 다음 꿈에 양귀비를 잠깐 만난다. 그리고 고력사(高力士)가 함께 등장하지만, 앞머리에 상투적으로 처음 등장하는 사람이 하는 독백이 있은 다음 중간에 단 한마디 짧은 말을 하고 있을 뿐이니, 전 극을 현종 한 사람이 창을 위주로 연출하는 것이나 같다. 마치원(馬致遠, 1251 전후)의 「한궁추(漢宮秋)」 제4절도 거의 「오동우」의 경우와 같이, 한(漢) 원제(元帝)가 흉노

(匈奴)의 땅으로 가버린 왕소군(王昭君)을 잊지 못하고 그리워하며 부르는 10여 곡의 노래로 되어 있다. 두세 곡의 노래 사이에 간간이 짧은 독백이 들어가고, 여기에서도 꿈에 왕소군을 잠깐 만나는 것이 가장 큰 변화이다. 여기에도 내시(內侍)가 한 명 따라 등장하기는 하나, 그는 등장할 때 하는 독백도 하지 않고 중간에 "폐하께서 괴로워하지 마시고 용체(龍體)를 보중(保重)하셔야 합니다."라고 한 마디 말을 할 뿐이다. 그리고 끝머리에 상서(尙書)가 등장하여 흉노 나라에서 왕소군을 흉노로 가게 만든 간교한 모연수(毛延壽)를 잡아 압송해 왔다는 짧은 보고를 할 따름이다. 거의 설창과 같은 연출 형식이었음을 알게 될 것이다.

그뿐 아니라 실제로는 상당히 많은 사람들이 등장해야 할 경우에도 연출은 창을 하는 주인공과 부수적인 몇 사람에 의하여 이루어지고 있다. 예를 들면 상중현(尙仲賢, 1260 전후)의 「기영포(氣英布)」 제2절 같은 경우는 40만의 대군을 이끌고 구강(九江)을 지키던 항우(項羽)의 장수 영포(英布)가 수하(隨何)에게 설복당하여 한나라 진영으로 귀부(歸附)하는 내용인데, 주요 등장인물은 주인공 영포와 함께 수하 두 사람이며, 그밖에 병사 한 명이 등장하여 말을 몇 마디 하고 유방(劉邦)과 두 명의 궁녀가 등장하지만 그들은 말 한 마디 하지 않고 유방은 한 구석에서 발을 씻고 있을 따름이다.

여러 재판극에서 재판을 하는 경우에도 대체로 고소인과 피고소인 이외에 재판관인 그 고을의 현령(縣令)과 사령(使令) 한두 명이 등장할 뿐이다. 심지어 원 잡극의 대표작이라 칭송되는 왕실보(王實甫, 1300 전후)의 「서상기(西廂記)」 같은 것은 구성이나 곡사(曲詞)에서까지도 설창인 동해원(董解元)의 「제궁조서상기(諸宮調西廂記)」의 영향을 받았다는 것은 누구나가 다 아는 사실이다. 이것은 전기(傳奇)나 화부희(花部戲)에서도 정도의 차이만이 있을 뿐 다 같이 발견되는 현상이다.

그 밖에 잡극에서 배우들이 등장하여 상장시(上場詩)를 한 수 읊고 자기소개를 한 다음 앞으로 전개될 극정(劇情)의 실마리 같은 것을 이야기하는 것, 주인공 한 사람이 노래하는 것, 대부분의 서사(敍事)는 빈백(賓白)을 통해서 이루어지고 창은 서정(抒情)이 위주인 것, 각 절(折)의 끝머리에는 하장시(下場詩, 혹은 詞)를 읊고 배우가 퇴장하는 것, 작품의 말미(末尾)에 제목(題目)과 정명(正名)이 붙어 있는 것 등도 모두 연극적인 것이라기보다는 설창적인 연출방식이다.

곧 대희는 갑자기 커진 오랑캐 문화의 영향으로 만들어진 것이지만 그 속에는 여전히 민간 설창의 영향이 뚜렷이 남아 전해지고 있는 것이다. 따라서 중국 민간의 전통적인 서사연예(敍事演藝)에서 설창이 그 중심을 이루어 왔음은 부인할 수 없는 사실이다.

현대 중국의 민간연예의 성격

중국 민간연예 중에서도 사대부들의 영향을 가장 적게 받았을 것으로 여겨지는 농민들이 모내기를 하면서 부르던 앙가(秧歌)[24]와 거지들이 구걸할 적에 부르던 연화락(蓮花落)과 도정(道情)[25]의 세 종류의 연예를

---

24 梁會錫 「秧歌戲 연구」(『中國戲曲』 제3집, 1995, 韓國中國戲曲硏究會 발행) 참조.
25 김학주 『중국의 희곡과 민간연예』(明文堂, 2002. 7) Ⅲ. 민간의 곡예 8. 연화락(蓮花落)의 형성과 발전, 9. 중국의 민간곡예(民間曲藝) 도정(道情)에 대하여 참조 바람.

중심으로 논의를 진행시키려 한다.

앙가는 본시 중국의 북방 지역에 송(宋)대 이전부터 유행하던 모내기 또는 농사를 지을 적에 부르던 노래였는데, 차차 고사를 연창하는 설창 형식의 것들이 생겨나고, 다시 여러 사람들이 부채와 손수건·북·우산·막대기 등을 손에 들고 여러 악기의 연주에 맞추어 춤을 추는 대무(隊舞: 여러 열을 지어 군무를 할 때 연주하는 무악) 형식의 것으로 발전하기도 하고, 한 명의 여자 주인공인 단(旦)과 또 한 명의 남자 주인공인 축(丑)에 의하여 민간생활을 반영하는 간단한 연극 형식의 것도 생겨났다. 이 것들은 산둥(山東)·산시(山西)·산시(陝西)·허베이(河北)·네이멍구(內蒙古) 지역에 유행하여, 남쪽 여러 지방에서 유행하는 화고희(花鼓戲)·채차희(采茶戲)와 비슷한 성격의 것으로, 음력 정월에 백성들이 이를 이용하여 사화(社火) 활동을 함으로써 이를 더욱 발전시키게 된다.

특히 1942년 옌안(延安)에서 마오쩌둥(毛澤東)이 「옌안 문예좌담회에서의 강화(延安文藝座談會上的講話)」를 발표한 뒤 '앙가'는 중국의 문예공작 도구로 높이 평가되어 앙가운동(秧歌運動)이 대대적으로 전개되어 새로운 발전과 유행을 하게 된다. 그리고 중국의 새로운 희극 형식으로 『백발의 여자(白毛女)』가 대표하는 신가극(新歌劇)을 창조하는 기틀을 마련해 주게 된다. 중화인민공화국이 성립된 뒤로는 각지에 전문적인 앙가 극단이 조직되고 수많은 새로운 작품이 창조되기도 하였다.

연화락은 불교에서 스님이 탁발을 하기 위해 연창하던 것인데, 일반 사람들의 환영을 받아 속곡(俗曲)으로 발전하는 한편, 송(宋)나라 무렵에 와서는 주로 거지들이 구걸을 할 적에 부르는 노래로 발전하였다. 그리고 반주 악기로는 간단한 딱따기나 죽판(竹板)을 썼다. 원(元)대 이후로는 희곡이나 소설에서 '연화락을 창한다'는 말은 바로 '거지 노릇을 한다'는 말과 같은 뜻으로 쓰인다.

본시 연화락은 인과응보(因果應報)를 나타내는 간단한 이야기 및 간단한 사경(寫景)이나 서사(敍事)를 하는 청창(淸唱)이었는데, 언제부터인가 민간 전설 같은 고사를 본격적으로 연출하는 형식의 것들이 생겨나고, 다시 청(淸)대로 들어와서는 단(旦)과 축(丑) 같은 두세 명의 연극 각색이 등장하여 연출하는 간단한 연극 형식의 것도 생겨났다. 이렇게 되자 거지가 아닌 아마추어가 연출하는 '청문(淸門)'과 함께 전문적인 연예인들의 연출인 '혼문(渾門)'도 생겨났다.

연출도 본시는 한 사람이 죽판(竹板)을 치면서 창하는 것이었으나, 창하는 사람과 죽판을 치는 사람이 나누어지기도 하고 창을 돕는 사람까지 등장하다가 결국은 더 많은 사람들이 연출하는 연극 형식으로 발전한 것이다. 그리고 거지가 아닌 사람들이 이를 연출하기 시작하면서 차차 지방희의 영향을 받아 타악기도 연화판(蓮花板) 이외에 우피고(牛皮鼓)·꽹과리·쌍발(雙鈸) 등이 보태지고, 이호(二胡)·사호(四胡)·삼현(三絃)·적자(笛子)·쇄납(嗩吶) 등의 현악기와 취주악기 등이 더해졌다. 그것은 연화락이란 악조(樂調)와 그 창법에 큰 변화가 일어났음을 뜻하기도 하는 것이다.

도정은 본시 도교에서 생겨난 도교의 범진(凡塵)을 초탈(超脫)하는 경계나 어리석은 세속(世俗)을 일깨우는 도교사상을 선양하는 노래였다. 그 세속을 초월한 경지 때문에 일찍이 당(唐)대부터 시인들이 그 형식을 따라 도정시(道情詩)를 짓기도 하였으나, 연화락이나 마찬가지로 거지들이 구걸할 때 부르는 장타령의 일종으로 발전하기도 하였다. 반주 악기로는 간자(簡子, 또는 簡板)와 어고(漁鼓, 또는 愚鼓)를 썼는데, 원(元) 잡극(雜劇)을 보면[26] 선인이나 도사들이 간자와 어고를 치면서 도정을 창하고 있으니, 도사들이 수도를 하면서 자기네와 생활 방법이 비슷한 거지들에게도 도정을 가르쳐준 것 같다.

실제로 필자는 쓰촨(四川) 즈퉁(梓潼)의 문창대군묘(文昌大君廟) 앞에서 도정을 창하며 구걸하는 거지를 본 일이 있는데, 길쭉한 어고를 어깨에 메고 왼손에는 나무판에 방울이 달린 박판(拍板)을 들고 오른손으로는 어고를 치면서 앞에 동전바구니를 놓고서 도정을 창하고 있었다.

그리고 명(明)대에는 고사를 설창하는 서사도정(敍事道情)이 성행하였고[27], 청(淸)대로 들어와서는 설창을 하는 서사도정과 함께 두세 명의 각색이 등장하여 연출하는 희곡도정(戲曲道情)도 생겨났다. 도정의 연출 방식이 설창 또는 희곡 방식으로 발전하면서, 도정은 도사나 거지보다도 전문 연예인들이 더 많이 연출하게 된다.

중국의 각 지방에서는 각각 그 지방의 지방희의 영향을 받아 악기며 창강(唱腔)이 다양해진 여러 가지 도정을 발전시킨다. 산시(山西)만을 예로 들어도 영제도정희(永濟道情戲)·홍동도정(洪洞道情)·진북도정(晉北道情) 등이 있고, 그 밖에 산시(陝西)·후난(湖南)·산둥(山東) 등등 모든 지방에 제각기 특징이 있는 도정을 발전시키고 있다.[28]

결국 지금도 중국에 성행하는 앙가(秧歌)·연화락(蓮花落)·도정(道情)

---

26 馬致遠의 「岳陽樓」, 范康의 「竹葉舟」, 楊景賢의 「劉行首」 등.

27 『金瓶梅詞話』 64回에는 西門慶이 자기 집으로 道情을 창하는 사람을 불러다가 「韓文公雪擁藍關」과 「李白好貪杯」라는 두 종류의 敍事道情을 창하게 하고 있다.

28 『中國戲曲劇種手冊』(北京 中國戲曲出版社, 1987) 및 『中國大百科全書』 戲曲曲藝(北京, 上海 中國大白科全書出版社, 1983) 등 참조 바람.

의 세 가지 민간연예만 놓고 보더라도 알 수 있듯이 중국의 민간연예는 한 가지 종류가 대체적으로 청창(淸唱)·설창(說唱)·연극의 세 가지 형식을 모두 갖추고 있다는 것을 알 수가 있다. 그러나 대체로 농민들이나 거지 같은 부류에 의하여 연창(演唱)되는 순수한 민간의 것은 청창과 설창이 그 중심을 이루고, 전문 연예인들에 의하여 연출되는 것들은 연극적인 연출이 그 중심을 이루고 있다. 따라서 전문 연예인들에 의하여 연출되는 이들 연극 형식은 종목마다 매우 발달하여, 각 지방 특유의 전통극목(傳統劇目)들이 전해지는 한편, 근래에 와서 새로 창작된 현대희(現代戱)도 상당히 많다. 어떻든 여기에서도 민간연예에서 서사(敍事)의 중심을 이루고 있는 것은 설창 형식의 것임을 알게 된다.

끝으로 우리가 주목해야 할 것은 화부희(花部戱)가 성행한 청대 중엽 이후로는 이들 민간연예조차도 그 영향을 받아 크게 변질되고 있다는 것이다. 우선 이전에는 북이나 박판(拍板) 또는 비파(琵琶) 같은 간단한 악기 한 두 가지로 반주를 하였는데, 지금에 와서는 이호(二胡)를 비롯한 여러 가지 경희나 지방희에 쓰이는 악기들로 반주를 한다는 것이다. 이에 따라 창강(唱腔)이나 연출방식 등 모든 것에 변화가 일어나 이전의 것들과는 전혀 다른 성격의 것으로 변하였다. 그리고 여기에서 가장 중요한 문제는 앞에서 이미 설명했듯이 이 대희(大戱)들이 오랑캐화한 것임을 뜻하므로, 이러한 민간연예들의 대희의 영향으로 말미암은 변화는 전통으로부터의 이탈을 뜻한다는 것이다.

중국 고대 설창의 성격

지금의 중국 민간에 유행하는 설창은 모두 청대 후기에 경희(京戱)나 지방희(地方戱) 같은 대희(大戱)의 영향으로 변질되어 전통적인 설창과는 전혀 다른 성격의 것이 된 것이다. 1957년 쓰촨(四川) 청두(成都) 톈훼이즌(天回鎭) 한묘(漢墓)에서 55센티미터 키의 토용(土俑)이 하나 나왔는데, 머리엔 수건을 동여매고 왼손으로는 북을 끌어안고 오른손엔 북채를 쥐고 북을 치며, 왼쪽 다리는 곧추 세우고 오른쪽 다리는 번쩍 들고 앉아서 입을 벌리고 웃고 있는 모습이다. 이를 놓고 학자들은 설서용(說書俑) 또는 설창용(說唱俑)이라 부르는데, 중국 민간에서 '설창'을 흔히 '설서'라고도 하기 때문이다.[29]

1963년 쓰촨 피셴(郫縣)에서도 키 66.5센티미터의 동한(東漢) 때의 설서용이 출토되었는데, 두 다리를 약간 벌리고 어깨를 위로 치켜들고 서 있는데, 왼손엔 작은북, 오른손엔 북채를 들고 있고, 머리엔 가운데 굵은 상투가 있고, 긴 눈은 가늘고 길면서도 비뚤어지게 떴고, 입도 옆으로 길게 비뚤어지게 하고 있는 모습이다.[30]

1979년 양저우(揚州)의 한장(邗江) 호장일호목곽묘(胡場一號木槨墓)에서도 나무로 깎아 만든 두 개의 설서용이 출토되었다. 하나는 50센티미터 길이의 한 노인이 앉아서 얼굴은 오른쪽 눈만이 웃고 있는 모습이라 한다. 다른 하나는 33센티미터의 키로 역시 앉아 있는데, 머리는 상투를

29 『考古學報』第5期, 1968 참조.
30 倪鍾之『中國藝術史』所載 사진 참조.

틀었고 비녀가 꽂혀 있으며, 팔은
약간 굽힌 채 위쪽으로 들고 있고
왼손만은 왼쪽 다리 위에 놓고 있
는 모습이라 한다.[31]

이상 한대 설창용(說唱俑)의 모습
들을 종합하여 추리하면, 한대의 설
창 방식은 지금의 중국 설창과는
거리가 멀다. 기록상 설창의 자료가
처음으로 가장 많이 발견되는 것은
송(宋)대이다. 우선 설창에 쓰인 반
주악기를 보면, 송대의 소설(小說)은
은자아(銀字兒)라고도 하였는데, 은

쓰촨(四川) 피셴(郫縣)에서 출토된 동한(東漢) 때
의 설창(說唱)을 하는 흙 인형.

자생(銀字笙) 또는 은자필률(銀字觱篥)이라는 관악기로 반주를 하였기 때
문이다.[32] 다시 제궁조(諸宮調)는 현악기도 반주로 사용하여, 추탄사(搊彈
詞)라 부르기도 하였다. 그러나 소설과 희곡 등에 자세히 묘사된 제궁조
의 연창 모습을 보면, 모두 설창하는 사람 스스로가 징과 박판(拍板)을 들
고 절박(節拍)을 하면서 설창하고 있다.[33] 그 밖에 고자사(鼓子詞)는 북을
반주 악기로 쓴 데서 붙여진 이름이며, 잠사(賺詞)는 북과 박판(拍板)을 썼
고[34], 원대의 화랑아(貨郎兒)는 북만을 썼으며[35], 어설(馭說)은 박판과 문추

---

31 『曲藝』

32 耐得翁의 『都城紀勝』 의거.

33 元 石君寶의 「諸宮調風月紫雲庭」 雜劇 및 120回本 『水滸傳』 제 51회 揷翅虎枷打白秀英의 묘사.

34 『事林廣記』 戊集 권2 참조.

35 「風雨像生貨郎旦」 雜劇 참조.

(門鎚)라는 간단한 타악기만을 썼고[36], 명대에 사화(詞話)와 탄사(彈詞)를 설창할 적에는 소고(小鼓)와 박판 또는 현색(鉉索)을 썼다.[37] 그리고 앞에서도 이야기한 연화락을 보면 원(元)·명(明)대에는 효추(爻槌, 또는 搖槌)를 썼고[38], 명대에 요추(謠槌)와 상판(象板)을 쓰기도 했으며[39], 청대에는 죽판(竹板) 하나를 썼다. 그리고 도정은 원대 이래로 간자(簡子, 또는 板)와 어고(漁鼓, 또는 愚鼓)를 썼다.

육유(陸游, 1125-1210)의 시「소주유근촌삼수(小舟遊近村三首)」의 제3수에서도 이렇게 읊고 있다.

> 늙은 버드나무에 석양이 드리운 조가장(趙家莊)에서
> 북을 멘 장님 영감이 막 놀이판을 벌이고 있네.
> 죽은 다음의 시비야 누가 상관하겠는가?
> 온 마을이 채중랑(蔡中郎) 이야기 하는 것 듣고 있네.

> 斜陽古柳趙家莊, 負鼓盲翁正作場.
> 死後是非誰管得, 滿村聽說蔡中郎.

이는 분명히 장님 영감이 홀로 북으로 박자를 잡으며 『비파기(琵琶記)』 이야기를 하는 것을 마을 사람들이 듣고 있는 것이다. '채중랑'은

---

36 『秋潤先生大全文集』권76 참조.
37 『負苞堂集』권3 참조.
38 秦簡夫「東堂老」第1折 참조.
39 明 徐霖의 『繡襦記』第28.

『비파기』의 남주인공이다.

명대와 청대의 설창은 사화(詞話)를 비롯하여 보권(寶卷)·자제서(子弟書)·연화락(蓮花落)·도정(道情) 등 그 종류가 무척 많지만 크게는 남방의 탄사(彈詞)와 북방의 고사(鼓詞)로 나누어져 발전한다. '탄사'는 삼현(三絃)이나 비파(琵琶) 또는 월금(月琴) 같은 현악기를 반주로 설창하는 것이나, 이것도 본시는 소고(小鼓)와 박판(拍板)으로 절박하며 설창을 하다가 현악기 반주로 옮겨간 듯하다.[40] '고사'는 창자 본인이나 고수(鼓手)가 북으로 절박하며 설창하는 것이다. 그러나 이 '고사'도 청대 후기로 와서는 대고(大鼓)로 발전하면서, 지방희의 영향을 받아 반주 악기도 달라지고, 따라서 창강의 가락도 크게 변질된다.

맺는 말

흔히 중국 문학사상 중국 고대에는 시문(詩文)만이 있고 소설과 희곡은 존재하지 않았다고들 말한다. 그러나 옛날에도 중국에 소설과 희곡이 존재하였다. 다만 고사를 창(唱)을 위주로 하여 표현하였고, 중간에 끼었던 산문의 해설은 경시하는 경향이 있었기 때문에 작품들이 근대의 소설이나 희곡 형식으로 전해지지 않고 있을 따름이다. 결과적으로 중국의 고대문학에서는 시·소설·희곡이 구분되지 않았고, 시를 존중한

---

40 臧懋循 『負苞堂文集』 卷3 彈詞小紀: "若有彈詞, 多瞽者以小鼓拍板, 說唱於九衢三市, 亦有婦女以被弦索, 蓋變之最下者也."

결과로 산문과 운문의 구별도 분명치 않았다. 그것은 『시경』의 시대부터 이미 그러하였다.

그리고 고대의 서사(敍事)는 설창을 중심으로 민간에 유행하여 연극도 설창의 기초 위에 이루어져 발전하였다고 할 수 있다. 다만 연극은 남송(南宋) 이후로는 이전과 전혀 다른 대희(大戱)로 발전하는데, 그것은 그때부터 중원을 지배하기 시작한 여진족의 금나라와 몽골족의 원나라의 영향을 받아 이루어진 것이다. 그럼에도 불구하고 원 잡극을 비롯한 대희의 형식이나 내용에 설창의 영향이 뚜렷하다는 것은 중국의 서사문학에 끼쳐 온 설창의 영향력이 얼마나 큰가를 말해 주는 것이다.

그리고 앙가(秧歌)와 연화락(蓮花落)·도정(道情)을 중심으로 현 중국의 민간연예의 성격을 살펴보았는데, 중국의 민간연예는 한 가지 종류의 것에 청창(淸唱)과 설창(說唱) 및 연극의 세 가지 형식이 모두 갖추어져 있음을 알았다. 이것은 중국에서는 민간에서 노래와 설창과 연극이 옛날부터 창을 중심으로 하여 같은 형식으로 연출되어 왔음을 알려주는 것이다.

중국의 설창은 대희의 형성에도 근거를 제공하였으나 청대 중엽 화부희(花部戱)가 성행하면서, 경희(京戱)나 지방희(地方戱)의 음악과 연출방식이 반대로 설창에 영향을 미쳐, 중국의 설창을 크게 변질시켜 놓았다. 대희가 오랑캐 민족문화의 압력 아래 자기네 전통을 이탈하여 발전한 것이므로, 이러한 설창의 변질도 이질화 또는 전통으로부터의 이탈을 뜻하는 것이 된다.

여하튼 중국의 가난한 서민대중은 설창을 통해서도 그들의 전통문화 발전의 바탕을 이루어 왔음을 알게 한다.

7

중국 현대의 전통연예 및 대중예술

마오쩌둥(毛澤東)과 중국의 전통연예

중국 사람들은 자기네 전통연예를 좋아하는 데서는 국민당과 공산당의 차별이 없었다. 예를 들면[1], 1945년 10월 국공합작(國共合作) 회담이 열려 산시(陝西)성 옌안(延安)에 있던 마오쩌둥이 충칭(重慶)으로 갔을 적에 국민당의 장제스(蔣介石) 총통은 끝내 합의를 이루지 못한 까다로운 회담을 진행하면서도 세 번이나 마오 주석을 초청하여 함께 경극을 관람하였다. 그리고 마오 주석은 옌안으로 돌아가서 자신이 충칭에서 본

---

1 厲慧森 「京劇厲家班」(『陪都星雲錄』, 重慶市文史研究館編, 上海書店, 1994, 所載). 厲家班은 1930~40년대에 名聲을 떨친 京劇劇團임.

경극 배우들의 연기를 칭찬을 하였다 한다. 정치적인 이념이 달라서 낮의 회담에서는 서로가 각을 세우고 논쟁을 하였지만 저녁이 되어서는 다시 한 민족이 되어 자기네 전통연극을 함께 즐겼던 것이다. 자기네 전통연예를 좋아함에는 좌우의 구별이 없음을 알려준다.

마오 주석은 처음부터 자기네 전통연예뿐만이 아니라 전통문화를 가볍게 보지 않았다. 농민들이 좋아하는 민간의 전통예술은 각별히 존중하였다. 마오 주석이 바쁜 몸인데도 적지 않은 중국 전통문학 형식의 시와 사(詞)를 짓고 있는 것을 보아도 그가 자기네 전통문화를 상당히 중시하였음을 알게 된다. 그는 마르크스·레닌주의도 중국의 특성에 잘 합치시켜야만 한다고 하면서, 공산주의에서 국제주의의 내용은 자기네 민족형식과 따로 떼어놓고 생각할 수는 없는 것이라 하였다. 마오 주석은 「중국공산당의 민족 전쟁에서의 지위(中國共産黨在民族戰爭中的地位)」라는 1938년 10월에 행한 연설에서 이렇게 말하고 있다.

우리의 역사적인 유산을 공부하여 마르크스주의 방법을 써서 비판적인 총결을 하는 것이 우리 공부의 또 다른 임무의 하나이다. 우리 민족은 수천 년의 역사를 갖고 있어서 그 특별히 다른 점이 있고 거기에는 많은 진귀한 것들이 있다. …… 공산당원은 국제주의적 마르크스주의자이다. 그러나 마르크스주의는 반드시 우리나라의 구체적인 특별히 다른 점과 서로 결합하고 아울러 일정한 민족형식을 통과해야만 비로소 실현될 수가 있는 것이다. …… 중국의 특성을 떠나서 마르크스주의를 말한다는 것은 오직 추상적이고 속은 텅 빈 마르크스주의일 따름이다. 그러므로 마르크스주의를 중국에서 구체화시켜야 하고 모든 형식 속에 반드시 띠고 있어야 할 중국적인 특성이 있도록 하여야만 한다. 다시 말하면 중국의 특성에 맞추어서 그것은 응용되어야만 한다는 것은 당 전체가 시급히 이해하여야 하고 또 시급히 해결하여야만 할 문제가 되어 있는 것이다.[2]

마오 주석은 이어 "국제주의의 내용과 민족형식"을 긴밀히 접합시켜야만 하며, 새로운 "신선하고 활발한 중국의 일반 백성들이 듣기를 좋아하고 보기를 즐기는 중국의 풍격과 중국의 기풍"을 창조해야 한다고 주장하여 문예계의 큰 반향을 일으키기도 하였다. 이에 대하여 궈모뤄(郭沫若, 1892-1978)는 이 '민족형식'의 논의는 소련 쪽에서 제기된 것이지만 "중국에서 논의되고 있는 '민족형식'의 뜻은 약간 다르다"고 하면서 "나는 '중국화' 또는 '대중화'와 같은 뜻의 말이라 믿으며 그 목적은 민족의 특수성을 반영하여 내용의 보편성을 추진하려는 것이다."면서 설명을 보태고 있다.[3]

마오는 1931년 11월 장시(江西) 루이찐(瑞金)에 국민당군에 완전히 포위당하고 있는 험난한 여건 속에서 소비에트 지역을 만들 적에도 고리키희극학교(高爾基戲劇學校)를 세워 1차로 1천여 명의 학생을 교육하여 60개의 극단을 만들어 농촌 공연을 하도록 하고 있다. 그곳에서 쫓겨나

---

2 "學習我們的歷史遺産, 用馬克思主義的方法給以批判的總結, 是我們學習的另一任務. 我們這個民族有數千年的歷史, 有它的特點, 有它的許多珍貴品. …共産黨員是國際主義的馬克思主義者, 但是馬克思主義必須和我國的具體特點相結合幷通過一定的民族形式才能實現. …離開中國特點來談馬克思主義, 只是抽象的空洞的馬克思主義. 因此, 使馬克思使主義在中國具體化, 使之在其每一表現中帶着必有的中國的特性, 卽是說, 按照中國的特點去應用它, 成爲全黨亟待了解幷亟須解決的問題."(『毛澤東選集』第3卷).

3 郭沫若「民族形式'商兌」(『大公報』 1940.6.9-10.字 所載).

옌안(延安)에서 문예좌담회(文藝座談會)가 끝나고 마오쩌둥(毛澤東) 주석을 중심으로 모인 중국 문예 작가들.

마오쩌둥(毛澤東)이 라오서(老舍)·메이란팡(梅蘭芳)·텐한(田漢)(왼쪽부터) 등 극작가와 배우들을 만나고 있다.

1936년 목숨만 겨우 보전하여 만리장정을 끝내고 산시(陝西) 바오안(保安)에 발을 디뎠을 때에도 30개의 공연단이 각지를 순회하며 활약하고

있다 하였다.[4]

1942년 마오 주석이 옌안에서 개최된 「옌안 문예좌담회에서의 강화(延安文藝座談會上的講話)」에서 사회주의 문화 건설의 노선을 분명히 밝힌 뒤로 민간의 전통연예가 더욱 본격적으로 성행하였다. 마오 주석은 이 「문예강화」에서 "병사들이나 노동자와 농민들은" "글자를 모른다 하더라도 연극을 보고 싶어 하고 그림을 보고자하며 노래를 부르고자 하고 음악도 듣고 싶어 한다. 우리의 문예작품을 받아들이는 것은 그들이다." 고 하면서 자기네 문예 노선을 이렇게 밝히고 있다.

우리는 모든 우수한 문학과 예술의 유산을 계승하여, 그 중 모든 유익한 것은 비판적으로 흡수하여, 우리가 그때 그 곳의 인민생활에 있어서의 문학과 예술의 소재로 작품을 창조할 때의 규범으로 삼지 않으면 안 된다.[5]

그럼으로 우리는 결코 옛날 사람들이나 외국 사람들을 이어받아 그것을 규범으로 삼는 일을 거부해서는 안 되며, 봉건계급의 것이나 부르주아의 것이라도 전혀 상관이 없는 것이다. 그러나 이어받은 것과 규범을 삼은 것으로 절대로 자기의 창조를 대신하는 것으로 변형시켜서는 안 된다.[6]

---

4 Edgar Snow, *Red Star Over China*, Chp.3 5. Red Theater 참조.
5 我們必須繼承一切優秀的文學藝術遺産, 批判地吸收其中一切有益的東西, 作爲我們從此時此地的人民生活中的文學藝術原料創造作品時候的借鑒.
6 所以我們決不可拒絕繼承和借鑒古人和外國人, 那怕是封建階級和資産階級的東西. 但是繼承和借鑒決不可以變成替代自己的創造.

옌안(延安)에서 '앙가극(秧歌劇)'을 공연하는 모습.

다시 마오 주석은 『신민주주의론(新民主主義論)』에서 이렇게 선언하고
있다.

우리 전통문화 중에서 봉건적인 찌꺼기(糟粕)는 제거하고, 민주적
인 정화(精華)만을 흡수해야 한다. 반드시 고대 봉건 통치계급의 모
든 썩어빠진 물건들과 고대의 우수한 인민문화, 곧 어느 정도 민주
성과 혁명성을 띠고 있는 것들은 구별해내야 한다.[7]

<hr />

7 "剔除其封建性的糟粕, 吸收其民主性的精華."
"必須將古代封建統治階級的一切腐朽的東西和古代優秀的人民文化卽多少帶有民主性和革命性的
東西區別開來."

그는 자기네 옛날 문화유산 중에서 썩어빠진 찌꺼기는 모두 버리고 민주적이고 혁명성을 띤 '정화'만을 계승·발전시켜야 한다는 유명한 말을 남겼다. 그러나 지금까지 자기네 문화유산 중에서 중국 사람들 스스로 이것은 봉건 통치계급의 썩어빠진 찌꺼기이니 버려야만 한다고 내쳐진 것은 하나도 없다. 모든 이전의 전통유산을 고스란히 모두 받아들이고 있는 셈이다.

이 「문예강화」가 발표된 이후, 농민들의 모내기 노래로부터 발전한 앙가(秧歌)를 응용하여 사회주의 혁명을 백성들에게 심어 주려는 모내기 노래운동(秧歌運動)[8]이 한때 대대적으로 전개되기도 하였다. 1943년 설부터 다음 해 상반기에 이르는 1년 반 정도의 기간에 창작 공연된 앙가 작품 수가 300여 편에 이르고 관객은 800만이 넘었다고 하니[9] 앙가극의 성행 정도를 짐작할 수가 있을 것이다. 유명한 신편 혁명가극인 『백발의 여자(白毛女)』도 이를 바탕으로 만들어진 것이다.[10]

또 하나 알아두어야 할 것은 중국 민간연예의 특징이다. 이 모내기노래는 본시 남쪽 지방에서 모를 심을 적에 부르던 단순한 노래(淸唱)였는데, 시간이 흐름에 따라 역사적 사실이나 전설을 모내기 노래의 가락으

---

8 秧歌는 본시 모내기 민요로 採茶歌·山歌·漁歌 등과 같은 것이었다. 그러나 차츰 서너 사람이 함께 역사 이야기나 전설을 공연하기도 하고 춤·技藝·武術 등이 더해져 秧歌戱로도 발전하여 민간의 민속놀이로 廟會 연출의 주제가 되기도 하였다. 山西·陝西·河北·山東 등지에서 크게 유행하고 있다.

9 『延安文藝叢書』秧歌劇卷 前言 참조.

10 『白毛女』는 秧歌를 바탕으로 延安 루쉰 예술연구원이 集體創作한 신편 가극이다. 1945년 이루어진 뒤 여러 번 수정이 가해졌다. 내용은 지주 黃世仁이 소작인 楊白勞를 핍박해 죽이고 그의 딸 喜兒를 겁탈한 뒤 남에게 팔아넘기려 한다. 喜兒는 도망쳐 산 속으로 들어가 사는데 영양실조로 머리가 새하얗게 변한다. 농민들은 그를 보고 白髮仙姑라 부른다. 뒤에 八路軍이 그 지역을 해방시키고 지주를 타도하여 마침내 喜兒는 고통에서 해방되어 새로운 세상을 맞이하게 된다는 것이다.

신편 가극 『백발의 여자(白毛女)』.

로 창을 하면서 거기에 사설을 섞어서 연출하는 설창(說唱) 또는 강창(講唱) 형식으로도 발전하고, 다시 서너 명이 모여 이야기에 나오는 인물로 분장하여 창과 사설을 섞어가며 연출하는 희곡 형식의 모내기 극으로도 발전한 것이다. 그리고 이 연예가 논이 없는 북쪽 지방에까지 퍼져서 지역마다 다른 여러 가지 '모내기 노래'가 생겨나 유행하고 있다. 이는 차나무 잎을 딸 때 부르던 채차가(採茶歌), 등불놀이 할 때 부르던 화등(花燈), 거지들의 장타령인 연화락(蓮花落)과 도정(道情) 등등이 모두 그러하다.

1941년에는 팔로군의 경극단체들이 연합하여 옌안평극연구원(延安平劇研究院)이 설립되었다. 이 연구원에서 새로 편극한 『수호전』의 이야기를 근거로 한 경극인 「떠밀려 양산으로 올라가다(逼上梁山)」와 「축가장을 세 번 치다(三打祝家莊)」 등의 역사극은, 혁명투쟁을 응원하는 뜻을 담고 있어 성공을 거두었다. 1943년 12월에 마오 주석은 처음으로 공연하는 「떠밀려 양산으로 올라가다」를 보고 극본을 쓴 양샤오쉔(楊紹萱)과 연출 책임자 치옌밍(齊燕銘)에게 다음과 같은 편지를 보내고 있다.

당신들의 연극을 보았는데 당신들이 이룬 매우 훌륭한 일에 대하여 나는 당신들에게 고마움을 표하고 아울러 공연에 참여한 동지들에게도 대신 고마운 마음을 전해 주기를 부탁하오! 역사란 인민이 창조하는 것인데 다만 옛날 연극무대 위에서는(모든 인민을 떠나 있던 옛날 문학이나 옛날 예술에서는) 인민들은 도리어 찌꺼기가 되었었으니, 마님과 도령·아씨 같은 통치자들의 무대였기 때문이오. 이러한 거꾸로 된 역사를 지금 당신들이 다시 거꾸로 돌려놓아 역사의 참 모습을 되찾음으로써 이로부터 옛날 연극은 새로운 싱싱한 모습을 열게 된 것이오. 그러니 경축할 만한 일이오. 궈모뤄(郭沫若)는 역사적인 화극(話劇) 방면에 매우 훌륭한 업적을 거두었는데, 당신들은 옛날 연극 방면에 이러한 일을 성취한 것이오. 당신들의 이러한 시작은 옛날 연극 혁명에서 획기적인 출발점이 될 것이오. 나는 이러한 점을 생각하니 매우 기쁘오. 당신들은 많은 연극을 편집하고 많은 연극을 공연하여 이 성대한 풍조를 전국적으로 밀고 나가도록 하시오.[11]

1944년 마오 주석은 「축가장을 세 번 치다」의 공연을 보고도 작자와

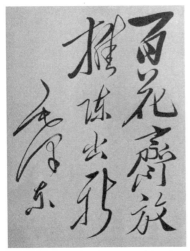

마오쩌둥(毛澤東)이 제시한 중국의 문예활동 지표.

연출 책임자에게 보낸 편지에 다음과 같은 말을 하고 있다.

　내가 당신들의 연극을 보았는데, 매우 훌륭하고 매우 교육적인 뜻이 있다고 느꼈소.「떠밀려 양산으로 올라가다」의 뒤를 이어 이 연극의 창조가 성공한 것은 경극 개혁의 길을 튼튼히 해준 것이오.[12]

　중화인민공화국으로 들어와서는 좀 더 적극적으로 자기네 전통연예를 받아들이려는 자세로 강화되어 갔다. 1951년 중국희곡연구원이 개설될 적에 마오 주석이 써준 "우리의 모든 꽃을 한꺼번에 피게 하고, 봉건적인 낡은 것은 몰아내되 인민들의 혁명적인 새로운 것들은 드러내자!(百花齊放, 推陳出新.)"는 구호는 지금에 이르기까지 자기네 전통연예의 계승·발전 노선을 밝히는 지침이 되고 있다.

---

11 看了你們的戲, 你們做了很好的工作, 我向你們致謝, 并請代向演員同志們致謝! 歷史是人民創造的, 但在舊戲舞臺上(在一切離開人民的舊文學舊藝術上)人民却成了渣滓, 由老太太少爺小姐們統治着舞臺. 這種歷史的顚倒, 現在由你們再顚倒過來, 恢復了歷史的面目, 從此舊劇開了新生面, 所以值得慶祝. 郭沫若在歷史話劇方面做了很好的工作, 你們則在舊劇方面做了此種工作. 你們這個開端, 將是舊劇革命的劃時期的開端. 我想到這一點就十分高興, 希望你們多編多演, 蔚成風氣, 推向全國去(『人民戱劇』, 全國劇協 간행, 1950년 創刊號에 사진 실림).

12 我看了你們的戲, 覺得很好, 很有敎育意義. 繼『逼上梁山』之後, 此劇創造成功, 鞏固了平劇改革的道路(『毛澤東書信選集』, 中央文獻出版社, 1983, 上同).

마오 시집을 보면 1961년 11월에 「손오공삼타백골정(孫悟空三打白骨精)」이란 연극을 보고 문예계의 지도자였던 궈모뤄(郭沫若)가 칠언율시 (七言律詩) 한 수를 짓자 그 시의 운을 따라 지은 「궈모뤄 동지에게(和郭沫若同志)」라는 다음과 같은 시가 실려 있다.

대지에 풍뢰(風雷)가 일어나자
곧 백골 무더기에서 요정이 생겨났네.
중이야 어리석은 백성이니 훈계할 수 있겠으나
요정은 귀괴(鬼怪)라 반드시 재난을 초래한다네.
금 원숭이가 떨치고 일어나 수천 근의 여의봉 흔드니
우주가 맑아져 온 세상 먼지 개었네.
오늘 손오공 활약에 환호하는 것은
오직 요상한 안개가 또다시 오고 있기 때문일세.

一從大地起風雷, 便有精生白骨堆.
僧是愚氓猶可訓, 妖爲鬼蜮必成災.
金猴奮起千鈞棒, 玉宇澄淸萬里埃.
今日歡呼孫大聖, 只緣妖霧又重來.

이 연극은 본시 소극(紹劇)[13]의 전통극종으로 『서유기』 이야기를 바탕으

---

[13] 紹劇은 浙江 紹興을 중심으로 발전한 地方戲이며 紹興亂彈 또는 紹興大班이라고도 부른다. 청 말엽부터 성행하기 시작하여 지금은 紹興 이외에도 寧波와 杭州 및 上海 일대를 중심으로 유행하고 있다.

소극(紹劇)인 「손오공삼타백골정(孫悟空三打白骨精)」의 공연 장면.

로 한 것이다. 당나라 현장(玄奘)스님이 손오공(孫悟空)·저팔계(豬八戒)·사화상(沙和尙)을 데리고 인도로 불경을 구하러 가는 도중 완자산(碗子山)을 지나는데 천년 묵은 백골정(白骨精)이 나타나 스님을 잡아먹고자 한다. 백골정은 촌색씨·노파·노인 등으로 변신하면서 유혹을 하였으나 손오공이 이를 알아차리고 백골정의 화신을 때려죽인다. 스님이 손오공은 공연한 살인을 한다 하여 쫓아 돌려보내자 백골정은 즉시 현장과 사화상을 사로잡는다. 다행히 저팔계가 벗어나 화과산(花果山)으로 달려가 손오공에게 사실을 알리고 구원을 청한다. 손오공은 다시 달려가 현장에게 백골정의 실상을 알린 다음 요괴를 물리치고 다시 인도로 불경을 구하러 출발한다.

　해방 뒤에는 이 작품의 이야기를 정리하여 현장과 요괴의 성격을 좀 더 분명히 하고 손오공의 지혜와 투쟁정신을 더 높였다. 주석이 끝 구절에서 "오직 요상한 안개가 또다시 오고 있다"고 한 것은 이 연극을 빌려 당시의 중국이 당면하고 있던 어려움을 사람들에게 깨닫게 하려는 것이다.

　여하튼 마오는 이처럼 서민들의 오락을 중심으로 하는 자기네 전통

중앙당 주석 장쩌민(江澤民)이 공연을 끝낸 경극 배우들을 만나는 모습. 장쩌민 자신이 경극의 창을 무척 잘했다 한다.

저우언라이(周恩來) 수상이 메이란팡(梅蘭芳)과 경극 배우들을 만나고 있다.

문화를 중시한 까닭에 농민을 중심으로 하는 서민들의 지지를 받아 중국 공산당 내부의 주도권을 장악하였다. 국민당과의 내전에서도 마오는 꾸준한 노력 끝에 수많은 노동자 농민의 마음을 얻고 소수민족의 지지를 얻어 결국은 승리할 수가 있었던 것이다.

마오를 뒤이어 중국의 당과 정부의 중요한 지도부 인사들이 거의 모두 전통희곡을 더욱 성행시키려고 애쓰고 있다. 저우언라이(周恩來)·주더(朱德)·류샤오치(劉少奇)·덩샤오핑(鄧小平)·천윈(陳雲)·예젠잉(葉劍英)·리셴녠(李先念)·양샹쿤(楊尙昆)·장쩌민(江澤民)·리루이환(李瑞環)·주룽지(朱鎔基) 등이 모두 경극과 그들 전통희곡의 애호자이며 경극 종사자들의 친구이다.[14]

붉은 군대와 문예공작

붉은 군대는 1927년 8월 1일 태어날 때부터 지금에 이르기까지 전투 임무 못지않게 모든 부대가 연극공연을 중심으로 하는 문예공작을 주요 임무라 여겨 왔다. 그들은 농민들이 좋아하는 민간연예와 경극을 공연하면서 농민들을 자기네 편으로 끌어들이는 한편, 그들에게 사회주의

---

[14] 北京市藝術研究所·上海藝術研究所 共編 『中國京劇史』(1999. 中國戲曲出版社 刊) 下卷 第2 分册 第50章 6節 P. 2057 의거.
중국의 '戲曲'이란 용어는 우리의 경우와 크게 뜻이 다르다. 中國社會科學院 語言研究所 편 『現代漢語詞典』(商務印書館, 1992)의 해석을 인용한다. "① 우리나라 전통의 戲劇 형식, 崑曲,京劇과 각종 地方戲가 포함되는데, 歌唱과 舞踊을 주요 公演手段으로 한다. ② 일종의 문학 형식으로 雜劇과 傳奇 중의 唱詞이다."

혁명의 이상을 머리에 심어 주기에 힘썼다. 한편 연극의 공연을 통해서 얻어지는 힘으로 붉은 군대는 극히 나쁜 조건을 극복하고 현대 무기로 무장한 국민당의 군대와 싸워 결국은 이겼다.

중국공산당은 1931년 11월에 장시(江西) 루이진(瑞金)에 소비에트 공화국을 건설하고 바로 공농홍군학교(工農紅軍學校)를 세우고 연극을 포함하는 문예활동을 전개하였다. 그리고 연말 무렵에는 붉은 군대의 창설일을 기념하는 팔일극단(八一劇團)이 조직되어 본격적인 공연활동을 시작한다. 붉은 군대는 처음부터 연극과 문예로 그들 정치공작의 중심을 삼았다. 1932년에는 팔일극단의 일부 단원들이 다시 공농극사(工農劇社)를 설립하였는데 소비에트 지역에 수많은 분국을 설치하고 연극활동을 전개하였다.

경극의 명배우 저우신팡(周信芳)이 시골에 가서 농민들을 상대로 창을 하는 모습.

1933년에는 공농극사에서 연극활동에 필요한 요원을 양성하기 위하여 고리키희극학교(高爾基戱劇學校)를 설립하여 1천여 명의 학생들을 훈련시켜 60개의 극단을 만들어 각지로 보내 공연활동을 하도록 하였다. 1934년 공산당은 이 고장에서 쫓겨나 유명한 '만리장정'을 떠나면서도 극단을 조직하여 여러 개를 그곳에 남겨두었다. 마오의 군대가 국민당군의 포위 속에 험난한 지역을 일부의 인원이나마 살아서 빠져나올 수 있었던 것은 붉은 군대가 문예공작을 통해서 오지에 살고 있는 소수민족들을 자기들 편으로 끌어들일 수 있었던 점에도 크게 힘입고 있다. 공산당은 죽을 고비를 수없이 넘겨가면서 만리장정을 끝내고 서북쪽으로 옮겨가 1936년에 바오안(保安)에 도착하여 자리도 제대로 잡지 못한 상태였지만 30개의 공연단이 각지를 순회하면서 활약하고 있다 하였다.[15]

1944년 10월 마오 주석은 섬감녕변구문교공작자회의(陝甘寧邊區文敎工作者會議)에서 강연한 「문화공작에서의 통일전선(文化工作中的統一戰線)」이라는 연설에서 이렇게 말하고 있다.

문화가 없는 군대란 어리석은 군대이다. 우둔한 군대는 적과 싸워 이길 수가 없다.[16]

그리고 예술공작에서는 "옛날 연극단을 이용하여야만 하고" "그들을 조금씩 개조해 가야 한다."고 주장하고 있다. 따라서 전통연극 활동이

---

15 Edgar Snow, *Red Star Over China*, Chp. 3 5. Red Theater 참조.
16 沒有文化的軍隊是愚蠢的軍隊, 而愚蠢的軍隊是不能戰勝敵人的.

없는 붉은 군대는 상상할 수 없는 정도이다. 중국의 붉은 군대는 어떤 오지에 파견되어 있는 부대라 하더라도 문화공작대가 없는 부대 및 문화공작을 하지 않는 부대란 거의 없을 정도이다. 곧 붉은 군대는 단위부대마다 극단을 갖고 있다고도 할 수 있다는 것이다. 결과적으로 지금 중국의 시장(西藏)이나 신장(新疆) 등 변두리 소수민족 지역에는 주로 붉은 군대에 힘입어 지금도 자기네 전통연예가 널리 펴져 유행하고 있는 것이다.

한국전쟁 때에도 메이란팡(梅蘭芳)·저우신팡(周信芳)·마렌량(馬連良) 같은 경극의 명배우들이 모두 두세 번씩이나 수많은 극단을 이끌고 미군과 싸우는 중국지원군을 위문공연 하러 북한을 찾아와 공연을 하였다. 메이란팡의 경우만 보더라도 58세 때인 1951년과 52년에 위문단을 이끌고 북한에 가서 중국인민지원군을 위문하는 공연을 하였고, 1953년 연말에도 부조위문단(赴朝慰問團)을 이끌고 북한에 가서 김일성과 최용건 등을 만나고 최전방 개성(開城)에까지 가서 위문공연을 하고 있다. 따라서 위문단원의 희생도 적지 않았던 것 같다. 이미 1951년 6월 5일에 베이징시에서는 부조위문단으로 갔다가 죽은 연예인인 랴오헝루(廖亨祿)·창바오쿤(常寶坤)·청슈당(程樹棠)·왕리가오(王利高) 네 사람의 추도회를 열고 있다. 그러니 한국전쟁 중에 위문단으로 파견되어 왔다가 희생된 연예인도 상당수일 것 같다. 그리고 베이징 톈차오(天橋) 지역에서 활동한 중국의 만담인 상성(相聲)의 대가 허우바오린(侯寶林)의 경우를 보면 1951년 3월에 북한위문단의 총단(總團) 문공단(文工團)의 부단장으로 조선에 가서 위문활동을 하다가 돌아와서는 곧 『포로수용소(俘虜營)』와 『개다리 이승만(狗腿子李承晚)』이라는 새로운 '상성' 작품과 조

메이란팡(梅蘭芳)이 경극 「낙신(洛神)」에서 낙하(洛河)의 여신인 낙신으로 분장한 모습. 「낙신」은 삼국시대 조식(曹植)의 「낙신부(洛神賦)」를 바탕으로 편극한 것이다.

1953년 메이란팡(梅蘭芳)이 개성(開城)에서 중공군을 위문공연 하는 모습.

선의 운산전투(雲山戰鬪) 소식을 주제로 한 『비호산(飛虎山)』이라는 창사(唱詞)를 창작하여 공연하였다 한다.[17] 당시의 연예인들이 당의 항미원조(抗美援朝) 정책에 얼마나 열정적이었는가를 알 수 있는 대목이기도 하다. 그들은 이들 부조위문단의 활약을 소개하면서 그들에 힘입어 중국 지원군은 형편없는 무기를 가지고도 온갖 현대 무기를 다 동원하고 있는 미국 군대를 상대로 잘 싸워 이겼다고 말하고 있다.

중국은 명실공히 연극의 나라라고 할 수 있다. 1959년의 통계에 의하면 중국 전역에 공연되고 있는 전통연극의 종류가 368종이고, 그것을 공연하는 전문극단이 모두 3천 300여 개(군부대나 공장 소속 등의 극단은 제외)에 이르며, 거기에 종사하고 있는 연극관계 전문 인원은 22만여 명이고, 전국의 극장 수는 2천 800여 개이다.[18] 이들 이외에 전통연예를 공연하는 아마추어들도 무척 많다.

1960년 9월 9일자 『인민일보』에 의하면 그 당시 농민들로 구성된 아마추어 극단 수가 24만 4천여 개이고, 노동자들의 것이 3만 9천여 개여서 이를 합치면 전국의 아마추어 극단 수가 28만 3천여 개에 달한다. 이를 근거로 아마추어 극단에 참여했던 인민의 수는 농민이 700만 명, 노동자 100만 명, 모두 합치면 800만 명에 이른다. 전문 직업극단 수는 3,513개라 하였다. 여기에는 더 많은 군부대나 교육기관 등에 소속되어 있는 극단 수는 제외한 것이니 이 정도면 중국을 연극의 나라라 하여도 좋을 것이다.

---

17 成善卿 『天橋史話』(北京 三聯書店, 1990), 劉仲孝 『天橋』(北京出版社, 2005) 참조.
18 『戲劇報』第17-19期 慶祝中華人民共和國成立 十周年 發行專號 「十年來戲劇事業的巨大發展」 統計資料 의거.

이 때문에 일에 지장이 생기는 경우도 적지 않았던 것 같다. 1956년 말엽 저장(浙江)성 신등(新登) 지방에서는 아마추어 극단이 순회공연을 떠나는 바람에 협동작업에 일손이 모자라 그 지역 작물 수확의 4분의 3을 완전히 거두지 못했다는 신문기사가 있다.[19] 푸젠(福建)성 남부에서는 지나치게 잦은 공연으로 민물고기 양식업 발전계획을 추진할 수 없게 되었다고 하였다.[20] 이런 지장은 어느 지역에나 있었을 터이지만 아마추어 극단활동은 조금도 위축되지 않았다.

1986년 통계에는 전통희곡 종류가 374종으로 늘어난다. 이 중 중화인민공화국으로 들어와 늘어난 희곡 종류가 58종이라니[21] 지금도 중국 사람들은 새로운 전통적인 음악과 연출 방법을 쓰는 전통희곡을 만들어내고 있는 것이다. 그리고 붉은 군대의 단위 부대는 부대마다 문예공작대를 두고 있으니 극단이 없는 부대는 없다고 해도 좋을 정도이다.

소수민족과 경극

경극은 지금 한족만이 아니라 소수민족 사이에도 널리 퍼져 13억의 전 국민이 함께 즐기고 하나로 화합하게 해주는 역할을 하고 있다. 그들은 소수민족을 감싸기 위한 새로운 경극도 창작 보급시키려고 힘쓰고 있다. 예를 들면 『금거사절(錦車使節)』·『왕소군(王昭君)』·『북국정(北國情)』 같

---

19 『人民日報』 1957. 1. 23일자.
20 『福建日報』 1957. 8. 14일자.
21 中國藝術硏究院 戲曲硏究所 統計 의거.

은 경극이 있다. 옛날 중국 주변에서 일어났던 만리장성 밖의 민족과의 분쟁은 다른 민족을 정복하고 지배하기 위해서가 아니라 그들과의 우호와 친선을 추구하기 위한 활동이었음을 강조함으로써 한족 중심의 역사관을 지워버리려는 내용의 연극들이다. 다시 『꺼사르왕(格薩爾王)』・『승부인(冼夫人)』・『소태후(蕭太后)』・『거란영후(契丹英后)』・『강희대제(康熙大帝)』・『달라이 육세(達賴六世)』・『수서유한(水西遺恨)』등의 작품은 여러 소수민족의 영도적인 인물들의 활동과 업적을 칭송함으로써 소수민족들의 사기를 앙양시켜 한족과 화합케 하려는 뜻을 지닌 연극이다. 『와산무(佤山霧)』・『남강혈비(南疆血碑)』・『서천비홍(西天飛虹)』 등의 작품은 소수민족 남녀 영웅들의 멋진 활약을 주제로 하여 소수민족들도 본시부터 한족 못지않은 중화민족이라는 자부심을 갖도록 하기 위한 것들이다.

많은 사람들이 타이완(臺灣)이나 신장(新疆)의 위구르족 및 시장(西藏)의 티베트족 등은 결국은 중국으로부터 독립할 것으로 믿고 있다. 그러나 필자가 보기에는 가까운 시일 안에 그들이 독립할 가능성은 희박하다. 그들이 1840년 아편전쟁이 일어날 무렵부터 서양의 제국주의자들이 중국을 멋대로 침탈하여 그들 스스로 청말의 한 시대를 백년국치(百年國恥)라고 하는 거의 나라의 주인이 없던 시절에도 그들은 독립을 하지 않았다. 정치며 국방은 모두 엉망진창이었지만 가난한 서민대중들의 마음이 하나였던 것이다. 그들은 언제나 경극 같은 전통연예를 통하여 함께 즐기고 함께 어울릴 수 있었기 때문에, 쓰는 말과 생활 습관이 다르지만 마음이 늘 서로 통하여 살림은 무척 가난하고 살아가기도 매우 어려웠지만 한 나라 사람으로 함께 어울려 사는 데 크게 도움이 되었다고 생각한다.

타이완(臺灣)에서 곤극(崑劇)의 천왕(天王)이라 불리는 차이정런(蔡正仁)과 천후(天后)라 불리는 화원이(華文漪)가 공연하는 모습.

우선 타이완(臺灣)에서의 경험을 이야기하기로 한다. 2001년 중국의 가장 오래된 전통연극이라는 곤곡(崑曲)이 UNESCO에서 인류 문화유산의 하나로 지정된 뒤, 2005년에 필자는 타이완에서 열린 '곤곡'을 주제로 하는 국제학술대회에 초청받아 참가한 일이 있다. 그들은 이미 2004년을 곤곡년(崑曲年)이라 부르고 있을 정도로 '곤곡'을 세계화시키겠다고 들떠 있었고, 회의가 열린 2005년에도 타이베이(臺北) 시내 전체가 '곤곡'으로 축제 중인 것 같았다. 그때 타이완 사람들은 타이베이에 와서 공연하고 있는 상하이곤극단(上海崑劇團)의 유명한 남자배우 차이정런(蔡正仁)을 '곤곡'의 황제(天王), 여자배우 화원이(華文漪)를 '곤곡'의 황후(天后)라 부르며 그들의 연기에 열광하고 있었다. 타이완의 현대소설 작

타이베이(臺北) 국가희극원(國家戱劇院)에 경극을 보기 위해 몰려든 사람들.

가로 유명한 『타이베이 사람들(臺北人)』의 작가인 바이센융(白先勇)은 미국에서 대학교수로 일하고 있다가 사직서를 제출하고 타이완으로 돌아와 이 '곤곡'을 현대화하여 세계화시키는 일에 몸을 바치고 있었다. 그는 이미 '곤곡'에 관한 여러 권의 저술도 내고 있었지만 '곤곡' 작품으로 명대 탕현조(湯顯祖, 1550-1617)의 대표작 『모란정(牡丹亭)』을 완전히 개작하고 배우와 연출방법도 혁신하여 타이완만이 아니라 중국 대륙에도 가서 공연하여 온 중국 사람들을 열광케 하고도 있다. 다시 그 전해에는 중국 쓰촨(四川)의 천극단(川劇團)이 와서 타이베이의 국립극장에서 공연을 하는데 공연 3개월 전에 표가 매진되었다고 하였다. 그들은 정치적인 이념은 달라도 문화적으로는 한 뿌리임을 스스로 확신하고 있고, 또 그들 자존심의 바탕도 거기에 있음을 알았다. 그들은 중국 전통연예에 함께 열광하고 있다. 그러니 그들이 스스로 중국으로부터 떨어져 독립을 한다는 것은 쉽지 않은 일임을 알게 되었다.

1995년 8월 하순 베이징에서 열린 학회에 참석하기 위하여 갔을 적의 일이다. 신문을 보니 마침 깐수(甘肅)성 장예(張掖) 지구의 71진극단

(秦劇團)이 와서 베이징의 극장에서 『서역정(西域情)』이라는 진극(秦劇)을 공연 중인데 신문의 평판이 대단히 좋았다. 이에 필자는 저녁 시간에 극장을 찾아가 그 연극을 보았다. '진극'은 음악적으로 진강(秦腔)으로도 부르는 산시(陝西)·깐수 지방의 민요 가락을 바탕으로 발전시킨 중국 서북 지방에 널리 유행하는 지방희(地方戱)의 일종으로 흔히 방자강(梆子腔)으로도 부른다. 우리가 듣기에는 창의 가락이 경극보다 자연스런 목소리를 더 많이 사용하여 더 시원하고 좋게 느껴진다. 그리고 연출 기법은 경극과 크게 다름이 없는 연극이다. 이 극단의 본거지인 장예는 옛날에는 감주(甘州)라 부르던 곳으로 옛날 수도 장안(長安)을 출발하여 양주(涼州)라 부르던 우웨이(武威)를 거쳐 둔황(敦煌)으로 가는 길목에 있던 유명한 실크로드의 중요 거점의 하나였다. 지금도 중국 극히 외진 변두리의 작은 도시이다. 이 『서역정』은 이 변두리 작은 도시의 작은 극단이 직접 편극한 신편 진극이었다.

연극 내용은 수(隋)나라 때 배구(裵矩)라는 장군이 30만의 대군을 거느리고 작은 여러 나라로 갈라져 서로 싸우며 아귀다툼을 벌이고 있는 서역 지방을 평정했던 이야기를 연극으로 만든 것이다. 폭군인 수나라 임금 양제(煬帝)와는 정반대로 이 서역으로 파견된 수나라 군대는 정벌군이 아니라 지역의 분쟁을 가라앉혀 주는 평화의 사도요 교역을 발전시키는 우호의 사절로 묘사되고 있었다. 지금 서북공정(西北工程)의 추진과 함께 치안을 위하여 변두리 지역으로 파견되고 있는 붉은 군대도 평화를 유지하고 번영을 뒷받침하는 사절로 받아들여지고 있음을 반영하는 내용인 듯이 느껴졌다.

공연을 하고 있는 장예 지구의 71진극단은 본시 중국 인민해방군의

1야(野) 3군(軍) 문공단이대(文工團二隊)였다고 한다. 인민공화국이 수립된 1949년 이후에야 입장료를 받고 극장에서 공연하는 지방의 극단으로 변신하였다 한다. 인민해방군은 중국 변두리 어느 지역이나 없던 곳이 없으니 결국 중국은 변두리 어떤 작은 도시에도 그들의 극단을 만들어 놓아 중국의 전통연극을 언제나 공연하고 있다고 보아야 할 것이다. 그들이 민간극단으로 변신한 뒤 40여 년 동안 그들이 새로 편극하여 좋은 평판을 받은 작품도 대여섯 가지나 있다고 하였다. 그리고 한국전쟁 때에는 미국 군대와 싸우는 중국 의용군을 위하여 조선으로 가서 위문공연도 하였다는 것이다.

붉은 군대 덕분에 변두리 성과 시에도 경극과 지방희가 크게 유행하고 있다. 신장(新疆)성만 보더라도 신장경극단(新疆京劇團)·우루무치시경극단·중국인민해방군신장군구경극원(中國人民解放軍新疆軍區京劇院)·중국인민해방군22병단경극단·신장군구생산건설병단예술극원경극단(新疆軍區生産建設兵團藝術劇院京劇團) 등이 활약하고 있고, 전체 희곡 극단 수는 16개나 되며 거기에서 일하는 사람 수는 5천 403명이나 된다.[22] 이 밖에 학교나 여러 기관의 아마추어 경극활동까지 감안하면 경극이 얼마나 널리 유행되고 있는가 짐작이 될 것이다.

그러니 지금 중국 사람들은 먼 변두리의 소수민족이나 베이징의 한족들이나 다 같은 연극을 함께 즐기면서 한 마음이 되고 있는 것이다. 이러한 중국 전역에 걸친 가난한 서민대중들의 성격 때문에 타이완 사람들이나 위구르족이나 어떤 소수민족도 중국으로부터 떨어져 나가기

---

22 張庚 主編 『當代中國戲曲』 附錄 九의 1986년 통계 의거.

가 무척 힘들 것이라고 필자는 믿게 되었다. 커다란 중국을 이루고 있는 바탕은 중국의 무식하고 가난한 서민대중들 모두가 함께 그들의 전통 연예를 즐기면서 아우르고 있는 힘에 있다고 할 수가 있다.

본시 마오쩌둥이 장제스 군대의 포위 속에 목숨을 겨우 부지하여 '만리장정(萬里長征)' 끝에 산시(陝西) 옌안(延安)으로 쫓겨 갔으면서도 결국은 승리를 할 수 있었던 것은 꾸준히 붉은 군대를 중심으로 소수민족과 농민들에게 경극을 중심으로 하여 각 지방의 연예를 이용한 문예공작을 한 때문이었다. 소수민족과 농민을 중심으로 하는 가난하고 어려운 백성들이 모두 붉은 군대와 함께 즐기며 뜻을 함께 하였기 때문에 결국 현대 무기로 무장한 막강한 장제스 군대도 대륙에서 밀려나 타이완으로 갈 수밖에 없었던 것이다.

문예대중화

현대 중국에서는 처음부터 민간연예를 중시한 바탕 위에 문예대중화 문제가 크게 추구되었다. 일찍이 취치우버(瞿秋伯, 1899-1935)가 「프로 대중문예의 현실문제(普洛大衆文藝的現實問題)」 및 「대중문예의 문제(大衆文藝的問題)」[23], 루쉰(魯迅, 1881-1936)이 「문예대중화(文藝大衆化)」[24], 마오둔(矛盾, 1896-1981)이 「문예대중화의 토론 및 기타(文藝大衆化的討論及其

---

23 『瞿秋伯文集』(人民文學出版社, 1953) 所載.
24 『魯迅全集』第7卷 所載.

他)」[25]와 「문제 속의 대중문예(問題中的大衆文藝)」[26] 등의 글을 쓰고 있다. 마오 주석도 「옌안 문예좌담회에서의 강화(延安文藝座談會上的講話)」에서 자기네 문예대중화의 성격을 다음과 같이 분명히 규정하고 있다.

> 고급의 것이나 또는 초급의 것을 막론하고 우리의 문학예술은 모두가 인민대중을 위한 것이어야 한다. 첫째는 노동자와 농민과 병사들을 위한 것이어야 하고, 노동자와 농민과 병사들을 위하여 창작한 것이어야 하고, 노동자와 농민과 병사들이 이용할 수 있는 것이어야 한다.[27]

마오는 노동자와 농민과 병사들을 바탕으로 하는 대중을 강조하고 있다. 이러한 방침에 따라 새로운 중국에서 문예대중화운동은 전통적인 가난한 인민들의 문예 참여의 바탕 위에 사회주의 문예이론이 보태져 매우 활발히 전개되었다. 중국의 전통연예와 서양문화의 영향 아래 발전한 현대문학은 형식이나 내용을 막론하고 모든 면에서 서로 다른 것이지만 오직 '대중화'에 초점을 맞추어 현대 영역 속에 전통적인 것을 많이 받아들이려 애썼다. 취치우버가 말한 것처럼 "설서(說書)·연의(演義)·소창(小唱: 민간에서 부르던 통속적 가요)·요지경(瑤池鏡)·그림연극·유랑극단의 연극……등등 무척 많은데" 이런 것들을 현대문학 속에 살

---

25 『我走過的道路』上(人民文學出版社, 1997) 所載.
26 『文學月報』第1卷, 第2號 所載.
27 無論高級的或初級的, 我們的文學藝術都是爲人民大衆的, 首先是爲工農兵的, 爲工農兵而創作, 爲工農兵所利用的.

려야 한다는 것이다. 특히 마오의 「옌안 문예좌담회에서의 강화」가 발표된 뒤 자오슈리(趙樹理, 1906-1970)가 중국 민간의 전통연예인 평화(評話)의 형식을 응용하여 『리유차이판화(李有才板話)』 등 명작을 이루었고, 산시(山西)성을 중심으로 모내기 노래인 앙가(秧歌)를 바탕으로 하는 앙가극운동(秧歌劇運動)이 벌어졌을 때 나온 여러 작품이 있고, 또 그 운동의 결집으로 허징지(賀敬之)와 딩이(丁毅) 등이 공동 제작하여 성공을 거둔 가극 『백발의 여자(白毛女)』 등이 나왔다. 그 밖에도 허징지를 비롯하여 엔츤(嚴辰)·천후이(陳輝)·장즈민(張志民)·위안장징(阮章競)·톈젠(田間)·리지(李季) 등이 민간에 유행하는 여러 가지 가요 형식을 응용하여 새로운 현대 작품을 만들었다.

따라서 현대문학을 논함에는 영남대학 박운석(朴云錫) 교수의 「20세기 중국의 문학을 받아들인 특징과 이를 전파한 양식(二十世紀中國的文學接受特點與傳播模式)」[28]의 경우처럼 중국 현대문학의 중요한 한 시기(1928-1978)를 '문예대중화의 시기'로 보기도 한다.

중국의 문예대중화운동이 성공을 거두었다고 할 수는 없다. 그러나 크게 뜻있는 새로운 분야를 개척한 것은 사실이다. 특히 현대문학에서 그것이 두드러진다는 점이 중요하다. 우리도 현대문학이나 연예 면에서 대중화 문제를 좀 더 심각하게 생각해 보아야 할 것으로 믿는다.

---

28 『中國語文學』 第58輯(嶺南中國語文學會, 2011) 所載.

8

위대한 중국의 대중예술 경극(京劇)

중국은 명실공히 연극의 나라라고 할 수 있다. 『중국 희곡극종수책(中國戲曲劇種手册)』[1]에 해설이 실려 있는 전국의 전통연극 종류는 360종이며, 전문극단이 있거나 있었던 극종만도 모두 275종에 이른다. 중국의 어느 지역이고 그 지역 특유의 연극이나 연예가 없는 고장은 없다. 그런데 이러한 연극은 청나라에 들어와 더욱 성행하였고, 특히 청나라 중엽에 수도 베이징을 중심으로 하여 이루어지고 발전한 경극이 성행하면서 중국인들의 연극 애호는 극성을 이루게 된다. 경극은 경희(京戲)·평희(平戲)·국극(國劇)이라고도 불리며, 서양 사람들은 'Chinese Opera' 또는 'Peking Opera'라고도 부른다. 그리고 수많은 연극 종류 중 중국 전국에

---

1 北京 中國戲曲出版社 1987 刊.

경극 「분하만(汾河灣)」에서 마롄량(馬連良)이 설인귀(薛仁貴)로 분장하여 유영춘(柳迎春)으로 분장한 메이란팡(梅蘭芳)과 공연하고 있다.

걸쳐 위의 지배계층으로부터 아래의 가난한 백성들에게 이르기까지 모두가 좋아하고 소수민족 모두에까지 보급되어 있는 전통연극이 바로 경극이다. 13억 중국 인구가 거의 모두 함께 좋아하고 있다는 점에서 경극은 세계에서 가장 위대한 대중예술이라고도 할 수 있다.

경극이 만들어진 것은 청나라 건륭(乾隆) 55년(1790) 건륭 황제의 80세 생일과 밀접한 관련이 있다. 왕실에서는 황제의 생신을 축하하는 공연을 성대히 진행하기 위하여 각별히 안후이(安徽)의 극단인 삼경반(三慶班)을 뽑아 궁중으로 데려와 연극을 공연케 하였다. 그때 이 극단의 공연 반응이 좋아 그들은 돌아가지 않고 계속 베이징에 남아 공연활동을 하게 되고, 그들을 따라 더 많은 안휘이의 극단이 베이징으로 와서 공연을 하게 된다. 그들의 주된 창조(唱調)는 안후이에서 발전한 이황조(二黃調)였다. 이것이 곧 다른 희곡 창조들을 제치고 베이징 사람들의 인기를 독차지하게 되어 뒤에 '경극'이 만들어지는 바탕이 된다.

안후이의 이황조가 가경(嘉慶) 연간(1796-1820)에 후베이(湖北)의 창조인 서피조(西皮調)를 받아들여 융합함으로써 독특한 베이징의 지방희인 경극을 발전시키게 된다. 이에 경극은 이황서피(二黃西皮)라고도 불리게 된다. 이후에도 계속 경극은 공연기법을 개량·발전하여 지금과 같은 모든 중국 전통연극 위에 군림하는 극종이 되는 것이다.

'이황조'는 특히 연극의 반주 악기로 호금(胡琴)을 개량하여 씀으로써 새로운 경희의 가락을 발전시켜 그 음악을 호금강(胡琴腔)이라고도 불렀다. 그리고 그 연극 음악은 지식인들이 좋아하던 아부(雅部)의 연극과는 다른 평범한 서민들이 좋아하던 저속한 화부(花部)를 대표하는 성격의 것이어서 초기에는 연극의 전문가들로부터도 저속하다는 혹평을 받았다. 예를 들면 건륭 40년(1775) 무렵에 쓴 이조원(李調元, 1734- ?)의 『우촌극화(雨村劇話)』권 상(上)에는 이런 글이 보인다.

호금(胡琴: 비파의 다른 이름) 가락은 안후이 남쪽에서 생겨나 지금은 세상에 그 음악이 굉장히 전해지고 있다. 오로지 호금으로 절주를 하는데 음탕하고도 요사하여 원망을 하는 것도 같고 호소를 하는 것도 같아서, 음악 중 가장 음탕한 것인데 또 그것을 '이황조'라고도 부른다.[2]

---

2 胡琴腔起于江右, 今世盛傳其音, 專以胡琴爲節奏, 淫冶妖邪, 如怨如訴, 蓋聲之最淫者. 又名二簧腔.

극작가인 장사전(蔣士銓, 1726-1785)은 그 시대 베이징의 연극 연출 실황을 주제로 한 「경사악부사(京師樂府詞)」 16수를 짓고 있는데, 제7수를 보면 베이징의 극장인 주루(酒樓)의 성황을 묘사한 뒤 거기에서 연극을 공연하는 실황을 노래한 끝에 이런 구절로 끝을 맺고 있다.

관계 관청에서는 백성들을 옛날 법도에 따라 잘 다스려 주어야지
온 나라 사람들 모두가 '미친 듯이' 빠져들게 해서는 안 되네.[3]

중국 희곡 연구의 개척자인 우메이(吳梅, 1884-1939)는 『중국 희곡개론(中國戲曲槪論)』 권 하(下)에서 청나라의 희곡 수준이 명나라보다 뒤졌다고 하면서 이렇게 말하고 있다.

광서(光緖)·선통(宣統) 연간(1875-1911)에는 화부희(곧 경극)가 천하를 휩쓸어 전통적인 희곡은 거들떠보지도 않게 되었다. 민간의 연예도 이러한 토속조(土俗調)를 숭상하여, 위아래 사람들이 '미치는 약을 마신 것처럼' 그것을 좋아하게 되었다. 따라서 문인들의 희곡작품은 거의 없어져 버렸다. 풍조가 이쯤 되었는데 어찌 전통을 논하겠는가?
광서·선통 연간 무렵에는 저속한 노래를 좋아하는 자들이 수없이 많아졌으니 더욱 문학과는 상관없는 일이다.[4]

---

3 有司張弛之道宜以古爲法, 毋令一國之人皆若狂.
4 光宣之季, 黃岡俗謳, 風靡天下, 內廷法曲, 棄若土苴. 民間聲歌, 亦尙亂彈, 上下成風, 如飮狂藥. 才士按詞, 幾成絶響, 風會所趨, 安論正始? 光宣之際, 則巴人下里, 和者千人, 益無與于文學之事矣.

경극이 만들어진 뒤 희곡의 전문가들이 보기에는 그 음악이며 극본과 연출 내용이 모두 저속하다고 생각되었다. 문인들은 경극의 각본을 전혀 문학작품으로 대우하지 않았다. 그러나 갈수록 가난한 아래 백성들로부터 시작하여 위의 임금에 이르기까지 모두가 경극을 좋아하게 되어 결국은 지식인들도 이 유행의 물결로부터 따로 벗어나지 못하고 온 나라 사람들 모두가 스스로 '미쳤다'고 표현할 정도로 경극에 빠져들게 되었다. 어떻든 경극을 이처럼 크게 유행시키게 된 것은 가난하고 무식하며 신분이 미천한 백성들의 힘이었다.

우선 궁전 안을 보면 삼층으로 지어진 거창한 무대인 대희대(大戱臺)만 보아도 황제들이 얼마나 연극을 좋아했는가를 알 수 있다. 베이징의 자금성 영수궁(寧壽宮) 안에는 건륭 35년(1770)에 세워진 3층의 거창한 창음각(暢音閣) 대희대가 있다. 그리고 그 남쪽에 2층 건물로 된 연극을 구경하는 장소인 열시루(閱是樓)가 따로 세워져 있다. 자금성 안에는 이보다 작은 희대도 10여 개나 더 있다. 이화원에는 덕화원(德和園) 대희대가 있다. 원명원(圓明園)과 열하행궁(熱河行宮)에도 대희대가 있었으나 불에 타버려 지금은 존재하지 않는다. 황제들이 얼마나 많은 경극을 중심으로 하는 연극을 보았을지 짐작이 간다.

귀족이나 고관 또는 부자들은 시내 극장으로 가서 경극을 구경하는 이외에도 늘 당회(堂會)라는 모임을 갖고 경극 공연을 중심으로 하여 즐겼다. 당회에는 크게 두 종류가 있었다. 첫째, 개인 집 안의 희대나 임시로 만든 가설무대에 손님들을 초청하여 경극을 공연하거나, 밖의 술집이나 회관 같은 곳을 빌려놓고 손님을 초청하여 술을 대접하며 경극을 공연하는 모임이다. 둘째, 새해가 되거나 특별히 축하할 만한 일이 있을 때에 여러 기관이나 단체에서는 모두 희대가 있는 큰 회관이나 신묘(神廟) 또는 주관(酒館)이나 호텔 등을 빌려 단배(團拜)를 하였는데, 단배에는 대부분 경극의 공연이 있었다. 단배는 정부의 큰 기관이나 관청에서도 하였지만 그 밖의 큰 모임으로 각 성 동향 사람들의 단배와 동년단배(同年團拜)[5] 등이 있었다.

농촌은 물론 각지의 가난한 서민들은 거의 마을마다 있는 그 지방의 신을 모시는 신묘(神廟)에서 신에게 제사를 드릴 적에 연극과 함께 여러 가지 잡회를 즐겼다. 이러한 민간의 제사활동을 묘회(廟會) 또는 영신새회(迎神賽會)라 하고 여기에서 공연되는 연극을 묘회(廟戱) 도는 새희(賽戱)라 하였다. 청대에는 베이징에만 해도 1320개의 사관(寺觀)이 있었다. 그리고 한 개의 신묘에는 한 가지 신만이 모셔져 있는 것이 아니다. 성대한 묘회로 유명한 베이징 교외 묘봉산(妙峰山)의 낭낭묘(娘娘廟)를 예로 들어 보자. 거기에는 주신으로 도교의 벽하원군(碧霞元君)과 그 가족들이 모셔져 있고, 다시 불교의 관음보살·지장보살(地藏菩薩)과 민속신인 약왕(藥王)·재신(財神)·월로(月老)·희신(喜神) 등이 모셔져 있다. 그러니 신을 제사지내는 묘회는 자주 요란하게 벌일 수밖에 없는 것이다. 그리고 거기에서 공연되는 연희 중 중심을 이루는 것은 경극이다.

이러한 묘회활동에는 많은 문제가 생기지 않을 수가 없다. 청나라 육문형(陸文衡)의 『색암수필(嗇庵隨筆)』에는 이런 기록이 보인다.

> 우리 쑤저우(蘇州) 사람들은 …… 4, 5월 사이가 되면 언제나 넓은

---

5 唐詩 宋詩 등에 보이는 同年은 나이가 같은 사람이 아니라 科擧에 함께 及第한 사람들을 가리키는 말이다. 여기에서도 鄕試나 會試에 같은 해 及第한 사람들을 말한다.

무대를 높다랗게 세우고 신을 모신 다음 연극을 하는데 반드시 연예계의 빼어난 배우들을 골라 하였고, 모여드는 구경꾼들은 온 나라가 미쳐 버린 것 같았다. 부녀자들도 곱게 단장을 하고 예쁜 옷을 입고 손을 마주잡고 모여들어 앞뒤로 밀리면서 무대가 기울어져 팔다리를 부러뜨리고 부상을 당하는 일도 있었다.[6]

탕빈(湯斌, 1627-1687)의 『탕자유서(湯子遺書)』에는 또 이런 말이 보인다.

오나라 지역 풍속에 …… 신에게 제사를 올릴 때가 되면 무대를 가설하고 연극을 하였다. …… 밭 사이 텅 빈 넓은 땅에 높이 무대를 가설하면 멀고 가까운 곳 사람들 모두가 들썩이게 되어 남자와 부녀자들이 무리를 지어 구경을 하러 오는데 온 나라가 미쳐 버린 것 같았다. 철도 잊고 할 일도 팽개쳐서 밭의 보리와 채소는 짓밟혀 남아나는 것이 없었다.[7]

다시 쉬커(徐珂)의 『청패류초(淸稗類鈔)』에는 묘회를 하다가 일어났던 다음과 같은 화재 사고에 대한 기록도 있다.

광저우(廣州)의 묘회에서 연극을 할 적에 부녀자들이 많이 모여들

---

6 『嵩庵隨筆』卷四 風俗; "我蘇民…每至四五月間, 高搭廣臺, 迎神演劇, 必妙選梨園, 聚觀者通國若狂, 婦女亦靚妝袨服, 相携而集, 前擠後擁, 臺傾傷折手足."
7 『湯子遺書』卷九 蘇淞告諭; "吳下風俗, …如遇迎神賽會, 搭臺演戲, …于田間空曠之地, 高搭戲臺, 哄動遠近, 男婦群聚往觀, 擧國若狂, 廢時失業, 田疇荣麥, 跃躪無遺."

어 시렁을 줄지어 세워놓고 거기에서 구경을 하도록 하였는데, 그것을 간대(看臺) 또는 자대(子臺)라 불렀다. 저잣거리의 불량배들이 그 사이에 끼어들어 여자들을 곁눈질을 하면서 훔쳐보고 멋대로 예쁘다 밉다 하고 평하면서 웃고 즐기다가 심지어는 그들의 비녀나 팔찌를 빼앗아가는 놈도 있었다. 도광(道光) 을사(乙巳)년 4월 20일에 성 안의 구요방(九曜坊)에서 연극을 하면서 학정서(學政署) 앞에 희대를 만들어놓고 시렁을 줄지어 세워놓았는데 어느 시렁에서 구경을 하던 사람이 물담배를 피우다가 불을 내어 마침내는 불이 번져 남자와 여자 1,400여 명이 불에 타 죽었다.[8]

그런데도 경극은 가난한 백성들을 중심으로 하여 계속 발전하였다. 쉬커의 『청패류초』에는 또 다음과 같은 기록이 보인다.

경극인 피황희는 베이징에서 성행하여 그 가락은 베이징에서 완비되었다. 장사꾼이나 심부름꾼들도 짧은 옷에 머리를 동여매고서 늘 희원에 들어가 경극을 보았는데, 그 한 가락 한 박자의 곡조에서도 연출자의 잘잘못을 모두 판별할 수 있었다. 잘 하면 갈채로써 연출에 보답하였고, 잘하지 못할 경우에는 소리를 지르면서 욕하였다. 희원 안의 모든 사람들이 약속도 하지 않았지만 모두 같은 소리를 냈

---

8 『淸稗類鈔』卷七十八 戱劇類「觀劇焚斃多人」; "廣州酬神演劇, 婦女雜遝, 列棚而觀. 曰看臺, 又曰子臺. 市廛無賴, 混跡其間, 斜眂竊探, 恣意品評, 以爲笑樂, 甚有攫取釵釧者. 道光乙巳四月二十日, 城中九曜坊演劇, 設臺於學政署前, 席棚鱗次, 一子臺中人, 以吸水煙遺火, 遂爾燎原, 致焚斃男女一千四百餘人."

다. …… 그러므로 베이징의 배우들은 고관이나 돈 많은 상인들의 칭찬을 받는 것을 영예로 여기지 않고 도리어 가난한 청중들의 여론에서 욕을 먹지 않으려고 신중히 신경을 쓰며 규칙에 어긋나지 않으려 하였다. 진실로 여기에서 실패하지 않으면 유능하다고 인정되었다.[9]

중국에서 경극은 청나라 때에는 황제들과 사대부들도 좋아하고 중화민국 이후로는 나라의 지배자들과 상류층의 사람들도 좋아하였지만 그 유행을 이끄는 것은 상류 지배계급이 아니라 아래의 가난하고 무식한 서민대중들이었다. 경극이 중국 인민들에게 얼마나 널리 그리고 깊게 파고들었는가를 알 수 있는 말이다.

1911년 중화민국 시대로 들어와서는 나라를 지배하는 국민당과 공산당이 끊임없이 싸웠으나 경극을 좋아하는 데는 국민당과 공산당의 차별이 없었다. 30년대에서 40년대에 걸쳐 명성이 대단하였던 경극 극단인 여가반(厲家班)이라는 극단이 있었다. 이 극단은 여씨 집안의 6남매가 그의 부모를 모시고 함께 이끌었던 극단이어서 '여가반'이라 부른 것이다. 그 반원의 한 사람인 리혜이슨(厲慧森)의 「경극여가반(京劇厲家班)」이란 글[10]에는 이런 대목이 있다. 1945년 10월 국공합작(國共合作) 회담이 열려 옌안(延安)에 있던 마오쩌둥(毛澤東)이 충칭(重慶)으로 가서 장제스(蔣介石) 총통을 만났다. 그들은 회담에서 아무런 합의도 이끌어내지

---

9 『淸稗類鈔』卷七十八 皮黃載: "皮黃盛於京師, 故京師之調尤至. 販夫豎子, 短衣束髮, 每入園聆劇, 一腔一板, 均能判別其是非. 善則喝采以報之, 不善則揚聲而辱之, 滿座千人, 不約而同. … 故優人在京, 不以貴官巨商之延譽爲榮, 反以短衣座客之興論爲辱, 極意矜愼, 求不越矩. 苟不顚躓於此, 斯謂之能."

10 『陪都星雲錄』(重慶市文史研究館 編, 上海書店, 1994) 소재.

못하였지만 장제스는 세 번이나 마오 주석을 초청하여 함께 경극을 관람하였다. 그때 마오 주석은 여가반이 공연하는 경극을 두 번 구경하고 옌안으로 돌아가서 자신이 충칭에서 보았던 여가반 배우들의 연기를 칭찬하였다 한다. 이념은 달라도 경극을 통하여 이들은 서로가 동족임을 확인하며 회담을 할 수 있었던 것이다.

중화인민공화국으로 들어와서도 경극을 좋아하는 경향은 전혀 변하지 않고 있다. 다만 크게 달라진 것은 이전 중국 사람들은 '미친 듯이' 경극을 좋아하였지만 지금의 중국 사람들은 경극에 대한 뚜렷한 이해와 목적의식을 가지고 경극을 즐기고 있다는 것이다. 지금의 중국에서는 경극은 농민 노동자를 비롯한 온 중국 사람들이 좋아하는 자기네 전통 연예가 되고 있다. 그러므로 이 봉건시대의 경극을 다시 현대화하고 개량하여 잘 이용함으로써 모든 소수민족까지도 아울러서 온 인민을 즐겁게 해주고 그들을 화합케 하여 자기네가 목표로 하는 사회주의 건설의 방향으로 그들을 이끌어가려는 것이다. 여러 소수민족을 위한 경극도 여러 편 새로 편극하여 공연되고 있다. 이전 사람들은 경극에 미쳐 그것을 즐기기만 하였으나 지금은 경극을 통하여 위안을 받고 격려를 받으며 13억 민족을 화합시키고 나라를 이끄는 힘까지 얻으려는 것이다.

그들의 붉은 군대는 1927년 8월 1일 태어날 때부터 지금에 이르기까지 모든 부대가 언제나 자신들의 극단을 갖고 연극공작을 계속하였다. 소련을 비롯한 외국의 지원도 전혀 받지 못하는 극히 열악한 상태에서 미국의 최신 무기로 무장한 장제스(蔣介石) 군대에 늘 포위되어 있던 마오쩌둥이 유명한 만리장정(萬里長征)에서도 살아나 결국에는 승리를 할 수 있었던 것은 이러한 문화공작을 통해서 가난한 농민 노동자들과 오지의 소수민족들을 자기네 편으로 끌어들일 수가 있었기 때문이다. 한국전쟁 때에도 메이란팡(梅蘭芳)·저우신팡(周信芳)·마롄량(馬連良) 같은 경극의 명배우들이 모두 두세 번씩이나 엄청나게 많은 극단을 이끌고 미군과 싸우는 중국 지원군을 위문공연 하러 북한을 찾아와 공연을 하였다. 그들은 이들 부조위문단에 참가한 활약을 소개하면서 그들에 힘입어 중국 지원군은 온갖 현대 무기를 다 동원하고 있는 미국 군대를 상대로 잘 싸워 이겼다고 말하고 있다.

경극뿐만이 아니라 희곡예술은 신분이 미천한 인민과 연관관계 아래 발전하여 온 것이다. 그러나

메이란팡(梅蘭芳)이 경극 「어비정(御碑亭)」에 출연한 모습.

경극은 본시가 구시대의 산물로 여러 가지 봉건사상의 요소가 남아 있어서 적지 않은 문제가 있는 것은 사실이다. 따라서 그들은 희곡 안팎의 봉건적인 요소를 없애버리고, 경극만이 아니라 전통적인 희곡 극종과 공연예술에 대하여 전국 규모의 발굴과 정리를 하면서 개혁 작업을 함께 진행시키고 있다. 본시 여러 가지 결함도 있던 극본에서 잡티는 제거하고 알맹이만을 남겨 새로운 빛을 발하게 하려는 것이다. 그리고 연출

제도와 무대의 모습 같은 것도 크게 개량하였다. 그들은 중국 공산당의 영도 아래 마오 주석이 내세운 "여러 가지 꽃을 한꺼번에 피우고(百花齊放), 낡은 것은 밀어내고 새로운 것을 내세우자(推陳出新)"는 방침에 따라 더욱 조직적이며 계획적으로 전국적인 희곡 개혁운동을 전개하여 새로운 시대를 열어가고 있다.

경극을 개혁하고 현대화하려는 움직임 속에는 우국의식에 혁명의식까지 더해져서 지금 와서는 경극으로 인민을 일깨우고 이끌어 주어 자기네 나라를 사회주의를 바탕으로 한 대국으로 굴기(崛起)시키는 방향으로 이끌어가고 있다. 그들은 경극을 통하여 인민들의 국가관·민족의식·역사의식·문화의식·정치의식 등을 그들이 설정한 새로운 방향으로 이끌어 주고 있는 것이다. 경극은 다시 중난하이(中南海)에서 시작하여 가난한 인민들에 이르기까지 모든 사람들이 소중히 여기며 좋아하는 연예가 되고 있다. 중국에서는 경극을 통하여 온 백성들을 즐겁게 해주고 화합케 하여 자기들이 목표로 하는 건전한 사회주의 혁명의 방향으로 달려가려는 것이다. 경극은 중국의 13억 인구 모두가 즐기는 위대한 대중예술로 발전하고 있는 것이다. 가난한 인민들이 함께 즐기는 경극이 있기에 중국의 가난한 백성들은 중국이라는 큰 나라의 힘의 원천이 되고 있다.

9

맺는 말 – 글 모르는
가난한 중국 백성들의 힘

중국이라는 큰 나라에는 글도 모르는 가난한 백성들이 무척 많다. 중화인민공화국이 수립되기 전에는 보통 지금 우리가 중국말이라고 하는 푸퉁화(普通話)도 모르고 그들의 글자인 한자도 모르는 문맹이 전 인구의 90퍼센트도 훨씬 더 되었을 것이다. 지금은 학교교육의 보급으로 전국의 초등학교 이상 학교에서 '푸퉁화'를 가르치고 아울러 한자도 가르치기 때문에 먼 변두리 시장(西藏)의 티베트족, 신장(新疆)의 위구르족, 네이멍구(內蒙古)의 몽골족 등도 대부분이 '푸퉁화'를 할 줄 알고 한자도 어느 정도 읽을 줄 알게 되었다. 아직도 전국에는 가난한 백성들이 무척 많다.

그러나 오래 전부터 중국의 글도 모르는 가난한 백성들의 생활은 그들의 헐벗고 굶주리는 삶에 비하여 매우 건전하였다. 그것은 제2장에서 다룬 베이징의 지독한 빈민가인 톈차오(天橋) 지구 이야기와 제3장에서 다룬 거지들의 생활을 통해서도 알 수 있었을 것이다. 먹고 살기에 급급한 백성들도 제8장과 제7장에서 많이 다루고 있는 '경극'을 비롯하여 제6장에서 다룬 여러 가지 '설창' 및 제5장에서 다룬 탈놀이 등을 여럿이 함께 즐기면서 모두가 화합하여 자기네 전통연예를 발전시키고 자기네 전통문화를 이어가고 있는 것이다.

한편 불교의 스님과 도교의 도사 및 민속신앙을 이끄는 무당과 박수(巫覡)들이 직접 이들과 같은 생활을 하면서 그들을 이끌어 주고, 많은 지식인과 예술가들 곧 시인 화가 등이 이들의 생활에 적극 참여하여 그들의 연예 발전에 큰 힘을 실어 주기도 한다. 그 덕분에 그들은 자신들의 오랜 역사를 통하여 쌓인 역사 이야기와 갖가지 민간전설과 여러 가지 정치 사회 문제 등을 글은 모르면서도 연극과 설창을 통하여 체득함으로써 그 나라 문화발전에 참여하고 있는 것이다.

또 하나 이러한 민간연예가 발전하는 발판은 제4장에서 다룬 중국 도시나 농촌 어디를 가나 거의 마을마다 있는 신묘(神廟)에서 열리는 묘회(廟會)에 있다. 묘회는 신묘에 모시고 있는 신의 탄생일을 비롯하여 특정한 날을 기념하기 위하여 묘제(廟祭)를 지내면서 신을 즐겁게 하는 한편 사람들이 어울려 모두가 함께 즐기기 위하여 '경극' 같은 전통연극을 비롯하여 여러 가지 '설창'과 기예(技藝)를 연출하는 행사이다. 이 '묘회'에는 근처 마을의 모든 사람들이 모여들어 자신의 행운을 비는 한편, 여러 사람들과 함께 필요한 교역도 서로 하며 함께 즐기게 된다. 여기에서 연출되는 연예를 묘회(廟戲)라고 한다. 중국의 전통연예는 이 묘회를 통하여 자연스럽게 전승되면서 발전하고 있는 것이다.

이 가난하고 신분이 낮은 백성들은 평상시에는 얌전하기만 하고 아무런 힘도 없는 사람들로 보인다. 그러나 이들은 묘회 같은 행사를 통하여 언제나 수많은 사람들이 함께 모여 행사를 하면서 즐기고도 있기 때문에 늘 뜻을 함께 하고 함께 잘 움직인다. 이들은 여러 가지 생활조건이 서로 같고 함께 울고 웃고 하기 때문에 단결력이 강하다. 보통 때에는 그들의 일상생활 이외엔 아무런 움직임이나 힘도 드러내지 못하는 오합지졸(烏合之卒)에 불과하다. 그러나 그들 중에 한 뛰어난 인물이 나와 모두가 관계되는 한 가지 큰 목표를 내걸고 이들을 선동하여, 그가 내세우는 목표가 그들에게 받아들여지기만 하면 이들은 크게 뭉쳐 함께 움직인다. 대의(大義)를 위해서는 자기 목숨도 전혀 돌보지 않는다. 그 때문에 이들이 함께 뭉치기만 하면 어떤 것으로도 막을 수가 없는 거대한 힘을 발휘하게 된다. 중국 역사를 보면 온 세계에 군림했던 막강한 중국의 대제국들도 말년에 가서 정치를 바르게 하지 못하여 민심을 잃은 뒤에는 모두 중국의 절대 다수의 가난하고 무식한 백성인 농민들에 의하여 멸망당하고 있다.

중국의 전통적인 역사와 문화는 서기 기원전 1000년 전후에 세워진 주(周)나라(B.C. 1072-B.C. 221)로부터 시작된다. 이 주나라는 서주(西周)를 거쳐 동주(東周)의 전국(戰國)시대(B.C. 481-B.C. 221)에 이르러 여러 제후의 나라들이 서로 물고 뜯는 싸움을 하다가 진(秦)나라(B.C. 221-B.C. 206) 시황(始皇)이 더 넓어진 천하를 통일하여 대제국을 세운다. 그러나 진시황이 죽은 뒤 정치가 어지러워지자 진승(陳勝)과 오광(吳廣)이 자기 고장에서 농민들을 이끌고 일어나 진나라에 큰 타격을 가하였다(B.C. 209-B.C. 206). 이들의 농민기의(農民起義)를 바탕으로 다시 항우(項羽)와 유방(劉

邦)이 농민들을 이끌고 일어나 싸우다가 한(漢)나라(B.C. 206-A.D. 220) 고조(高祖) 유방에 의하여 새로운 대제국이 세워진다.

한나라 무제(武帝, B.C. 140-B.C. 87 재위)에 이르러 봉건전제(封建專制)의 강력한 통치 체제가 확립되지만 곧 서한(西漢, B.C. 206-A.D. 8)은 왕망(王莽)의 쿠데타에 의하여 망하고 새로운 신(新, A.D. 9-23)나라가 들어선다. 그러나 이들은 민심을 잃어 산둥(山東)을 중심으로 하여 적미군(赤眉軍)이라 불리는 농민들의 무리가 들고 일어나고, 허난(河南)·후베이(湖北)를 중심으로 하는 지방에서는 녹림군(綠林軍)이라 불리던 농민들의 무리가 일어나(A.D. 18-27) 신나라를 쳐부숴 버린다. 이 기회를 틈타 유수(劉秀)가 나와 다시 동한(東漢, A.D. 25-220)을 세우고 광무제(光武帝)가 되어 한 제국을 다시 이어간다. 그러나 동한 말에도 정치가 어지러워지자 전국 각지에서 황건적(黃巾賊)이라 불리던 농민들의 기의군(起義軍)이 일어나 한 제국을 무너뜨린다.

한나라 이후로는 위(魏, 220-265)·진(晉, 265-361)·남북조(南北朝, 317-589)로 이어지면서 삼국(三國)을 비롯하여 여러 나라들이 중원으로 들어와 많은 나라를 세우고 서로 싸우는 바람에 천하를 다스리는 대제국이 수립되지를 못하였다. 결국 수(隋)나라(581-618)가 다시 일어나 천하를 통일하고 대제국을 세웠다. 그러나 수나라 문제(文帝)와 양제(煬帝)는 전쟁과 토목공사에 마구잡이로 백성들을 동원하여 희생시키며 포악한 정치를 하자 다시 전국에서 농민들이 들고 일어나 수나라를 멸망시킨다. 이때 이연(李淵, 高祖)은 농민들이 들고 일어나 이룬 성과를 이용하여 아들 이세민(李世民, 太宗)과 함께 당(唐)나라(618-907)를 세워 대제국을 발전시킨다.

그러나 온 세계에 위세를 떨치던 당 제국도 말년에 가서는 황소(黃巢)를 비롯한 인물들이 핍박에 시달리던 농민들을 이끌고 일어나(875-907) 당 제국을 멸망시키고 만다. 그 뒤 오대(五代)의 혼란을 뒤이어 천하를 다스렸던 북송(北宋, 960-1127)도 만년에 가서는 방랍(方臘)이 저장(浙江) 일대에서 농민을 이끌고 일어나 북송에 큰 타격을 주었고(1120-1122), 다시 소설 『수호전(水滸傳)』으로 유명해진 송강(宋江)이 농민들을 이끌고 허베이(河北)·산둥(山東)지방에서 일어나 역시 북송의 멸망을 재촉하였다(1120-1122).

바로 뒤이어 여진족(女眞族) 금(金)나라의 침입으로 북송은 완전히 망한다. 뒤이어 몽골족의 원(元)나라(1206-1368)가 중원을 차지하여 한때 온 유라시아 대륙을 석권하는 대제국으로 발전하는데, 이들도 역시 말년에는 유복통(劉福通) 등이 이끄는 홍건적(紅巾賊)이라 불리는 농민 기의군들에 의하여 망하게 된다. 명(明)나라(1368-1644) 태조 주원장(朱元璋)은 이들 농민들의 기의를 이용하여 다시 나라를 세운다. 그러나 명말 농민들의 불만이 쌓이자 이자성(李自成)이 그들을 이끌고 수도 베이징으로 쳐들어가 명나라를 멸망시킨다. 그 덕에 만주족의 청(淸)나라(1616-1911)는 힘을 크게 들이지 않고 베이징을 얻어 천하를 지배하게 된다. 뒤에 청나라는 쑨원(孫文)이 이끄는 혁명군에게 망한다.

그 뒤 중국공산당을 이끈 마오쩌둥은 국민당의 장제스와의 극히 불리한 싸움에서 중국의 가난한 농민들의 마음을 사로잡았기에 결국은 승리하여 중화인민공화국을 세우게 된다.

마오는 무식한 백성들에게 문예공작(文藝工作)을 꾸준히 펼쳐 그들을 달래고 가르쳐서 결국 그들을 모두 자기 편으로 끌어들였다. 마오는 처음부터 글자를 모르는 무식한 사람들도 자기네 문예작품의 접수자임을 인식하고 있었다. 그는 유명한 「옌안 문예좌담회에서의 강화(延安文藝座談會上的講話)」에서 이렇게 말하고 있다.

> 여러 간부들과 군부대의 전사들과 공장의 노동자들과 농촌의 농민들은 모두 글자를 알게 되면 책을 보려 하고 신문을 읽으려 한다. 그러나 글자를 모르는 사람들이라 하더라도 연극을 보려고 하고 그림을 보려고 하며 노래를 부르고 음악을 듣는다. 그들이야말로 바로 우리 문예작품을 받아들이는 사람들인 것이다.[1]

그는 문예공작의 대상이 병사와 노동자와 농민을 바탕으로 하는 인민대중임을 분명히 알고 있었다. 때문에 마오의 붉은 군대는 1927년 장제스의 국민당 군대의 포위 속에서 간신히 태어났고 소련을 비롯한 국제 공산당의 원조도 받지 못했지만, 가난한 백성들을 상대로 그들이 좋아하는 민간연예를 이용한 문예공작에 힘쓴 결과 오지의 농민과 여러 소수민족들을 모두 자기네 편으로 만들 수가 있었다. 그 결과 한때는 만리장정(萬里長征)이라는 지극히 어려운 고비도 있었지만 산시(陝西) 옌안(延安)이라는 변두리 고장으로 파고 들어가 그곳을 근거지로 하여 마침내 미국의 각종 현대 무기로 무장한 장제스 군대를 타이완(臺灣)으로 몰아내고 전 대륙을 차지하는 승리를 거둘 수가 있었다.

---

1   各種幹部, 部隊的戰士, 工廠的工人, 農村的農民, 他們識了字, 就要看書, 看報. 不識字的, 也要看戲, 看畵, 唱歌, 聽音樂. 他們就是我們文藝作品的接受者.

이처럼 중국의 가난한 백성들의 힘은 무척 강하다. 그것은 무엇보다도 그들이 어려운 중에서도 모두가 스스로 공연하고 함께 즐기는 경극(京劇)을 비롯한 여러 가지 민간연예를 즐기면서 자연스럽게 여러 가지 지식을 얻고 모두가 화합을 하였기 때문이다. 결국 중국의 무식하고 가난한 백성들이야말로 그들 전통문화의 계승자이며 가장 큰 나라의 힘인 것이다. 중국이란 큰 나라는 그들로 말미암아 크게 발전하며 지탱되고 있는 것이다.